Weisheit. Neun Versuche

Fröhliche Wissenschaft 194

Michael Hampe / Kai Marchal (Hgg.)

Weisheit

Neun Versuche

Matthes & Seitz Berlin

Inhalt

(Vor einiger Zeit.)

Lieber Anton,

erinnerst Du Dich noch an mich? An den letzten Aufenthalt Deiner Abiturklasse im Schullandheim »Honigparadies« auf Amrum, als wir am zweiten Tag in den Dünen einen toten Vogel fanden und beschlossen, ihn dort liegen zu lassen, um zu schauen, wie er zerfällt während unserer zwei Wochen auf der Insel? Wie haben sich die Zeiten seitdem verändert! Was wohl aus Euch allen geworden ist?

Wie auch immer … Ich habe jedenfalls die Vermutung, dass Du wie ich davon überzeugt bist, dass es gerade nicht gut um die Menschheit steht (stand es jemals gut um sie in ihrer Geschichte?), dass sich »die Verhältnisse« von jedem von uns bessern müssen. Ich glaube nicht, dass dies durch technische Errungenschaften oder die richtigen politischen oder ökonomischen Entscheidungen allein geschehen kann, wobei die wohl auch nötig sind. Aber wenn die Menschen so kindisch und aggressiv wie bisher weitermachen, werden sie letztlich unnütze technische Geräte entwickeln und sich für Politiker entscheiden (sofern sie in demokratischen Ländern leben und diese Entscheidungsmöglichkeit haben), die alles nur noch schlimmer machen. Kurz: Wenn die Menschen nicht weiser werden, jeder einzelne Mensch, wird sich nichts zum Besseren wenden. Wie aber lässt sich die Weisheit jedes Einzelnen befördern? Ich glaube fest, dass man Weisheit erlernen kann. Doch wird jemand, der nicht schon weise ist, das Bedürfnis verspüren, Weisheit zu erlangen? Halten sich nicht die Unweisen schon für weise und haben gar keine Entwicklungsbedürfnisse? Ist man hier nicht in der Paradoxie gefangen, dass die, die sich entwickeln wollen, es eigentlich, weil sie ja diesen Willen haben, gar nicht müssten und die, die es müssten, es gar nicht wollen? Und ist diese Paradoxie nicht selbst eine Erscheinungsform der Weisheit?

Wegen all dieser Überlegungen habe ich mich entschlossen, diese Kettenmail zu starten. Kettenbriefe wurden früher aus allen möglichen Gründen verschickt: um den Empfängern Wohlstand zu bringen, um politische oder religiöse Nachrichten zu verbreiten, um Liebesglück zu stiften, um den Empfänger übers Ohr zu hauen, usw. Ich verschicke diese Nachricht an Dich und gleich danach noch eine weitere an andere Menschen mit der Absicht, dadurch die Verbreitung der Weisheit zu fördern. Ich bitte Dich, innerhalb einer Woche die unten angehängte Kettenmail zu beantworten, sodass sich die Weisheitstexte im Laufe der Zeit vermehren und die späteren Empfänger dieser Nachricht einen ganzen Weisheitsschatz vorfinden.

Beste Grüße
Dein Rainer Salbanski

* * *

Liebe Freunde,

dies ist eine Einladung zu einem Kettenbrief der Weisheit. Das mag Euch als eine komische Vorstellung erscheinen. Doch so wie der klassische Kettenbrief als eine Veranstaltung gedacht war, bei der sich am Ende vielleicht Reichtümer über einen ergießen, ist dieser Brief als ein Mittel gedacht, die Weisheit unter den Menschen zu vermehren.

Vielleicht erreichen Euch also bald alle möglichen Weisheiten, die Euer Leben erleuchten. Hier kommt meine Nachricht, bitte fügt einen kleinen Weisheitstext hinzu und schickt das Ganze zurück an den Absender und drei weitere Personen:

Der Tod der Birke, 2011

Zuerst wuchs ihr ein Pilz
aus der Hüfte, ein fetter Schwamm,
dann nahm ihr ein Wind die Blätter
und ließ sie achtlos sinken,
zuletzt verlor sie die Farbe.
So stelle ich mir den Abschied vor,
die kleinen Untergänge vor der Zeit.
Heute knickte sie ein.
Der Stein, der ihren Fuß bewachte,
lässt sich nicht aus der Fassung bringen.
Eine neue Zeitrechnung beginnt, das Jahr eins nach dem Tod der Birke.

Michael Krüger

Euer Rainer Salbanski

* * *

Hallo Susan,

heute habe ich einen Kettenbrief der Weisheitsfreunde von unserem ehemaligen Deutschlehrer

Salbanski erhalten mit einem schönen Gedicht von Michael Krüger. Ich kannte es noch nicht. Doch es war schon ein merkwürdiger Zufall, dass er diesen Brief ausgerechnet an mich geschickt hat. Du erinnerst Dich doch noch an unsere Gespräche über Krügers Gedichte in der Schule, oder? Das war eigentlich das einzige Mal, dass mir der Deutschunterricht Spaß gemacht hat. Ich hatte übrigens nach dem Abitur dem Krüger geschrieben, dass wir seine Gedichte behandelt haben, dass unser Lehrer sie wirklich »weise« fand und einige von uns mit ihnen begeistern konnte. Michael Krüger hat mir auf meinen Brief tatsächlich geantwortet und auch noch den folgenden Text über Weisheit beigelegt, den ich Dir jetzt als meinen Weisheitstext weiterleite, damit die Kette fortgesetzt wird.

Beste Grüße
Anton

* * *

Michael Krüger

Weisheit und Poesie

Mit Weisheit kann man heute keinen Stich mehr machen. Die platonische Kardinalstugend war einst eine gern gesehene Größe am Hofe oder im Gefolge der Päpste, später auch im bürgerlichen Milieu ein willkommener Gast, von dem man einen Ausgleich erhoffte zwischen den neu entstandenen Ansprüchen einer sich neu erfindenden Gesellschaft: Der weise Mann sollte vermitteln, wo der Kirche nichts mehr einfallen wollte. Da nicht jeder an den städtischen Diskursen teilnehmen konnte, musste in ländlichen Kreisen die Großmutter die Rolle der Weisheit übernehmen. Sie kannte sich in der Bibel aus und im Kräutergarten, sie konnte Gut und Böse unterscheiden, sie wusste, was dem Menschen ziemt und was nicht.

Heute begegnet man Weisheit nur noch im Zusammenhang mit Zähnen, die schleunigst raus müssen, oder mit besorgten Männern in Schlips und Kragen, die der Bundeskanzlerin mit stolzer Miene ein Buch voller Statistiken und Sorgen übergeben: Es steht darin, dass alles gut ist im Lande, aber dass sich das schnell ändern könne. Ist das

Weisheit? Jedenfalls werden die Herren die »fünf Wirtschaftsweisen« geheißen, und man sollte sie schon deshalb unter Schutz stellen, weil sie die einzigen überlebenden Weisen sind. Ein Philosoph würde es sich verbitten, weise genannt zu werden, ein Politiker (oder eine Politikerin), der als weise bekannt wäre, würde nicht gewählt werden – der letzte weise Politiker war Theodor Heuss, unser erster Bundespräsident, aber eben auch nur so lange, bis die ersten Biografien über ihn erschienen und aus dem Weisen einen intelligenten Bürger und Publizisten machten. Einer der wenigen Menschen, der manchen einfällt, wenn nach Weisen gefragt wird, ist Mahatma Gandhi. Aber warum diese »große Seele« weise gewesen sein soll und auf welche Weise sie sich weise verhalten hat, muss man erst googeln.

»Weisheit«, heißt es im letzten gedruckten dtv-Lexikon, »steht für eine Lebensführung, die geistige Vervollkommnung anstrebt, zu welcher auch die Lebenserfahrung gehört.« Was immer das bedeuten mag, das sind keine erstrebenswerten Ziele mehr in einer Gesellschaft, die sich freiwillig in die Gewalt von Algorithmen begeben hat. Natürlich gibt es immer irgendwo ein Max-Planck-Institut zur Erforschung der Weisheitszu- bzw. -abnahme in der sich wandelnden Welt, aber die Forschungsergebnisse sind mager. Und weil das so ist, haben die Esoteriker Konjunktur. In jedem

Jahr erscheinen zig Bücher über Weisheit und wie man sie spielend erlernen kann. Und es gibt sogar Institute, die Wochenendkurse zur Erlangung von Weisheit anbieten. Da aus all diesen Schulen aber nie ein Weiser hervorgegangen ist, kann man sie getrost als Mumpitz bezeichnen oder als Geldschneiderei.

Aber hat nicht jeder von einem Menschen gehört, der irgendwo hinter Stuttgart oder bei Unna oder sogar in einem Vorort Berlins in einer Gartenlaube sitzt und die geistige Vervollkommnung nicht nur angestrebt, sondern sogar fast erreicht hat, aber öffentlich bloß nicht darüber redet? Vielleicht ist er der Weise. Er redet sich nicht um Kopf und Kragen bei einer sogenannten Talk-Show, er tritt überhaupt nicht auf, gibt keine Interviews und beteiligt sich nicht an Umfragen zur Lage der Nation, des Gemeinwesens, der Kultur oder der öffentlichen Moral und anderen »Unanständigkeiten«. Twitter oder Facebook sind ihm unbekannt, trotzdem kommt er bei Google auf mehrere Tausend Einträge. Man sieht ihn gelegentlich, wie er im Wald spazieren geht und ohne Verbissenheit von einer Epoche des Schweigens träumt. Er weiß sehr wohl, dass alle Versuche vergeblich sind, den Zumutungen der Zivilisation, die als Fortschritt ausgegeben werden, zu entkommen – und trotzdem lebt er sein Leben in dieser Gesellschaft und lässt seinen wachsam träumenden Verstand in das

Geheimnis der Dinge dringen. Manchmal erklärt er seiner Katze die Grundlagen der Sensibilität, und in der plötzlichen Stille vor dem Sturm bedenkt er die Rätsel des Schweigens. Danach schaut er im Fernsehen schlechte Kriminalfilme.

Er ist ein Dichter.

Kein Mensch weiß, wovon er lebt. Alle paar Jahre erscheint ein kleiner Band von achtzig Seiten in einer Auflage von tausend Exemplaren, der gelobt und gelegentlich auch mit einem Preis bedacht wird; mit dem Geld kauft er einen neuen Kühlschrank und lässt die kaputten Ziegel im Dach austauschen. Dazu eine Kiste guten Burgunder. Wenn man an seinem Haus vorbeigeht, sieht man ihn hinter dem Fenster an seinem Schreibtisch sitzen und sich entweder die Haare raufen oder den Kopf schütteln. Fragt man ihn, was ihn so verzweifelt aussehen lässt, sagt er, es fehle ihm etwas. Ein Wort, eine Wendung, ein Reim, irgendetwas fehlt. Und kein Wörterbuch und kein Reimlexikon kann Abhilfe schaffen. Bietet man ihm an, ihm bei der Suche zu helfen, wird er kalkweiß im Gesicht – um Gottes willen! Denn das Wort muss natürlich eine bestimmte Aura haben, eine ganz besondere Färbung, es muss einen esoterischen Schatten werfen und in ganz bestimmten Zusammenhängen gebraucht worden sein, es muss eine einzigartige Intensität haben und sich trotzdem in die harmonische Bewegung des Ganzen fügen – und weil es dieses Wort nicht gibt oder es trotz allen Suchens und Probierens jedenfalls nicht zur Verfügung steht, muss die Abfassung des Gedichts als gescheitert angesehen werden. Das ist normal, sagt er, wenn man ihn fragt, denn die Bedingung des Schreibens eines Gedichts ist das Nicht-Schreiben desselben. Das wirklich wahre Gedicht, das in jeder Hinsicht geglückte, ist selbstverständlich das nicht-geschriebene. Natürlich will jeder Dichter das perfekte Gedicht schreiben, aber da das nicht möglich ist, veröffentlicht er zunächst einmal die unperfekten Gedichte, um anzudeuten, wohin die Reise gehen könnte. Man muss sich an die seltsame Tatsache gewöhnen, sagte er einmal, dass das Gedicht einem Zufall entsprungen ist. Man hat einen Vogel gesehen, der seltsame Schwünge macht, an einem Tag, der dunstig und unheilschwanger war, man ist gestolpert, am Morgen hatte man in der Zeitung gelesen, dass bei einem Zusammenstoß von Schiffen in der Nordsee Öl ausgeflossen ist, ein Freund teilte am Telefon seine Krebserkrankung mit – ein Tag mithin, an dem man nicht schlau werden konnte aus Gottes Plänen. Ein idealer Tag für ein Gedicht. Man schreibt und schreibt, und längst hat man bemerkt, dass man an einem großen Hymnus an die Unbeständigkeit schreibt, ein völlig verrückter Text, der in die verschiedensten Richtungen ausgreift, mit Worten, die man selten benutzt hat, Wendungen, die man im Gespräch meiden würde, Einsichten, die einem selber unheimlich sind. Und schließlich hatte die Sprache ja auch ein Wörtchen mitzureden, sagte er dann, weshalb der eigentliche Autor des Gedichts natürlich die Sprache sei, und diese Sprache zwinge einen, den größten Teil des Geschriebenen, auf den man so stolz war, wieder zu streichen. Zum Schluss, am Ende der Woche oder am Ende des Monats oder am Ende des Lebens bleiben acht Zeilen zurück, acht Zeilen in den sechsbändigen Gesammelten Werken. Aber sie leuchten, wenn sie durch unser Bewusstsein ziehen. Diese acht Zeilen kann man nicht schreiben, wenn man sie schreiben will oder soll. Es gehört eine große Weisheit dazu, sagte er, eine solche Einsicht in die Vergeblichkeit zu ertragen. Die notwendige Einsamkeit, die dumme Zeitgenossen als exzentrischen Spleen abtun, ist die Voraussetzung der Weisheit. Aber davon kann man sich nichts kaufen – mit diesen Worten verschwand er wieder in seiner Hütte, um sich noch einmal der halsbrecherischen Mühe zu unterziehen, ein Gedicht zu schreiben. Er gab uns eines seiner dünnen Bändchen mit. Das Motto war von Boccaccio, dem Erfinder der modernen Erzählung, und lautete: »Die Theologie ist nichts weiter als ein Gedicht von Gott.«

* * *

Guten Abend, Anna-Lena,

wie läuft's bei Dir in Berlin? Ich habe mich lange in mein Schneckenhaus verkrochen, und eigentlich bekriege ich ja auch nur ungern die Tastatur, aber heute geht es wirklich nicht anders. Also, in aller Kürze: Ich lebe seit sechs Monaten in New York und habe einen Job in der Kreativagentur, die Thomas, mein Karlsruher Chef, hier vor einiger Zeit gegründet hat. Du weißt schon, der schlaksige Mittvierziger (weiße Designerbrille!), der im Juli 2017 im Englischen Garten so heftig mit Dir geflirtet hat (leider längst vergeben).

Dieser Thomas hat mir heute kurz vor Feierabend eine sonderbare E-Mail geschickt – ich dachte erst, es wäre irgendeine stumpfsinnige Massenmail, aber dann habe ich gesehen, dass es darin um Weisheit geht. Morgen wird er mich sicher löchern, ob ich sie denn auch »bearbeitet« habe. Er hat sie von einer alten Schulfreundin in Deutschland bekommen. Als ich sie las, habe ich sofort an Dich denken müssen. Du machst doch immer noch Dein Rücken-Yoga?! Damals hast Du immer gesagt, es helfe Dir, weiser zu werden. Lies Dir also bitte einmal den Anhang durch.

Liebe Grüße
Marlene

PS: Ich sitze schon fast eine halbe Stunde am Schreibtisch, aber es kommt mir einfach kein zündender Gedanke. Was möchte der wohl haben? Irgend so einen Glückskeks-Kalauer könnte ich natürlich auch hervorzaubern, aber das wäre mir doch ein bisschen peinlich. Bist Du nicht später regelmäßig zu den Seminaren des Zenmeisters gegangen, den wir an jenem Sommernachmittag 2005 in »unserem« Café am Viktualienmarkt kennengelernt hatten?! Könntest Du nicht bei dem heute Abend mal anfragen?

Es eilt wirklich, liebe Anna-Lena! Thomas wird mich morgen sonst um einen Kopf kürzer machen!

* * *

Liebe Freunde,

dies ist eine Einladung zu einem Kettenbrief der Weisheit. Das mag Euch als eine komische Vorstellung erscheinen …:

Der Tod der Birke, 2011

[…]

Weisheit und Poesie

[…]

An die, die nicht aufhören können, sich darüber zu sorgen, was andere wohl von ihnen denken

Du kannst nicht einmal einen Furz mit deinem Nächsten austauschen. Jeder von uns muss sein eigenes Leben leben. Verschwende deine Zeit nicht damit, darüber nachzudenken, wer am talentiertesten ist.

Die Augen sagen nicht: »Sicher, wir sind tiefer, aber wir sehen mehr.« Die Augenbrauen antworten nicht: »Sicher, wir sehen nichts, aber wir sitzen höher.«

Die Nase kann nicht die Augen ersetzen und die Augen nicht die Ohren.

Alles hat eine eigene Identität, die im gesamten Universum unübertrefflich ist.

Kodo Sawaki Roshi

* * *

(Zwei Tage später.)

Lieber Phil,

ich hoffe, bei Dir ist alles in Ordnung! Wohnst Du noch immer in dem tollen Haus in Beverly Hills, wo ich Dich letztes Mal besucht habe? Deine Töchter sprechen jetzt bestimmt schon fließend Englisch!

Mir geht's gut, ich bin immer noch in Berlin. Vorgestern musste ich an Dich denken, als ich die angehängte E-Mail bekommen habe. Es ist ein Kettenbrief, Marlene hat ihn mir geschickt. Keine Angst, das ist keine Abzocke; es geht darin um Weisheit und Achtsamkeit. Das sind große Themen in meinem Leben – und, soweit ich weiß, auch in Deinem! Deshalb habe ich dann Marlene auch gleich geantwortet, stell Dir vor: mit einem superklugen Satz unseres Münchner Zenmeisters! Du weißt schon:

Du kannst den Pfad nicht beschreiten,
solange du nicht selbst der Pfad geworden bist.

Der hat Dich doch damals auch so tief berührt. Ich glaube, wir haben auf unserer letzten Thailandreise noch einmal lange darüber gesprochen. Erinnerst Du Dich: Wir sind den ganzen Tag im Bus herumgefahren, waren dann gerade todmüde im Hotel in Phuket angekommen, wo dann plötzlich (über Satellit! auf Deutsch!) eine Scobel-Sendung zur Meditation lief. Sofort sind wir wieder in unsere berühmte Gegenwärtigkeit eingestiegen. Also, lies Dir den Brief einmal durch. Vielleicht kannst Du ihn ja sogar weiter verschicken (das würde sicher auch Marlene freuen).

Alles Liebe
Deine Anna-Lena

PS: Der Spruch ist gut, was immer man über den Lehrer denken mag. (Ich hatte damals ja auch so meine Vorbehalte; gerade die Kursgebühren fand ich schon immer zu hoch.)

* * *

(Fünf Minuten später.)

Liebe Anna-Lena,

toll, von Dir zu hören! Wir haben uns ja wirklich seit Ewigkeiten nicht mehr gesehen!

Bei uns ist alles in Ordnung, Doris arbeitet jetzt wieder ganztags, und unsere beiden Töchter sind endlich in den örtlichen Ruderverein aufgenommen worden (kalifornische Ruderriegen können durchaus mit denen in Oxford mithalten!).
Natürlich erinnere ich mich noch genau an unsere Reise durch Thailand, auch an den Abend mit der Scobel-Sendung! Es war wunderbar entspannend.

Ich antworte später noch ausführlicher, im Anhang erst einmal ein Scobel-Text, den ich neulich im Netz gefunden habe.

Beste Wünsche für Dich
Phil

* * *

Gert Scobel

Weisheit, Koans und das Problem der Komplexitätsbewältigung

Jôshû fragte Nansen in allem Ernst: »Was ist der Weg (道)?« Nansen antwortete: »Der alltägliche Geist ist der Weg.« Jôshû fragte: »Soll ich mich selbst darauf ausrichten oder nicht?« Nansen sagte: »Wenn du versuchst, dich ihm zuzuwenden, wendest du dich von ihm ab.« Jôshû fragte: »Wenn ich nicht versuche, mich ihm zuzuwenden, wie kann ich wissen, dass es der Weg ist?« Nansen antwortete: »Der Weg hat nichts zu tun mit Wissen oder Nicht-Wissen. Wissen ist Illusion. Nicht-Wissen ist ohne Bewusstsein. Wenn du den zweifelsfreien, wahren Weg wirklich erreicht hast, wirst du ihn erfahren als grenzenlos und leer wie den Weltraum. Wie kann man darüber sprechen auf einer Ebene von Richtig oder Falsch?« Bei diesen Worten war Jôshû plötzlich erleuchtet.[1]

I. Fliegenglas-Fragen

Warum stellt man sich oder anderen überhaupt Fragen wie jene Jôshûs (778–897)? Offensichtlich weil etwas von großer Bedeutung unklar ist und man auf Klärung hofft. Entsprechend vielschichtig und zahllos sind die Anlässe und Intentionen, Fragen zu stellen. Sie reichen vom Wunsch nach einer schlichten Auskunft über die Erkundigungen nach bestimmten Zuständen, Fakten oder ganzen Theorien bis hin zur rein rhetorischen Figur der Frage, durch die man Einverständnis zu erzielen hofft. Manchmal dient eine Frage auch dem Angriff, etwa dann, wenn ihr Ziel nicht die Klärung, sondern im Gegenteil das Herstellen von größerer Verunsicherung oder Verwirrung ist. Ernsthafte Fragen werden, wie im obigen Fall, meist jedoch nur dann gestellt, wenn das, worum es geht, tatsächlich wichtig oder vielleicht sogar von entscheidender Bedeutung ist. Diese Fragen des »ernsten« Typs stellen sich also, weil die Existenz oder das eigene Wohlergehen auf dem Spiel stehen und etwas Fundamentales, Entscheidendes unklar (geworden) ist. Man hat die Orientierung verloren. So sehr sich in einer ernsten Frage echte Ratlosigkeit ausdrückt, so sehr spiegelt sie auch eine Erkenntnis wider: die Erkenntnis, dass man die Wirklichkeit derzeit nicht klar erfassen und erkennen kann. Man spürt die Auswirkungen, die eine solche Form der fundamentalen Unklarheit und Verwirrung auf das Leben haben kann. Fragen der ernsten Art sind daher Fragen nach dem Weg – nach dem Aus-Weg aus dem Fliegenglas, dessen Wände vollkommen durchsichtig und transparent sind und einen dennoch gefangen halten.[2]

Genau darum geht es in Fall 19 der berühmten Sammlung *Mumonkan*, der von Jôshûs Erwachen handelt. Jôshû sollte später das vielleicht bekannteste und zugleich »einfachste« aller Koans formulieren, das Mu-Koan, das bis heute im Chan- oder Zenbuddhismus eine zentrale Rolle spielt. Dieses Koan ist Jôshûs Antwort auf die Frage eines Mönches, ob ein Hund und folglich er selbst bereits Buddha-Natur habe. Der buddhistischen Lehre bzw. Dogmatik zufolge ist die Antwort auf diese Frage ebenso klar wie einfach: Alle Lebewesen haben Buddha-Natur. Aber was ist mit einer solchen dogmatischen Antwort tatsächlich beantwortet? Was bedeutet es, Buddha-Natur zu haben und sie zu verwirklichen, hier und jetzt? Genau auf diese existenzielle Frage antwortet wie Jôshûs Mu-Koan auch das obige Koan. »Mu« bedeutet wörtlich übersetzt »nicht« oder »Nichts« und meint eine Verneinung.[3] Jôshûs Mu-Koan eröffnet die Sammlung *Mumonkan*. Sie wurde zunächst zum Training der Mönche und später zum fortgeschrittenen Training von nicht ordinierten Frauen und Männern der Zenschulen benutzt. Doch was sind Koans?

II. Koans als Übungsform

Zunächst bezeichnet Koan, wie im eingangs zitierten Fall, eine spezifische Gattung von Texten, die sehr unterschiedliche Formen annehmen können. Entstanden sind diese Texte im Kontext der buddhistischen Überlieferungen in China, überwiegend in der Zeit von 1100–1250. Koans stellen eine literarische Eigenheit des Mahāyāna-Buddhismus dar und wurden meist als Sammlungen, oft mit Kommentaren und Versen versehen, von chinesischen Chan- oder später von japanischen Zenmeistern verfasst. Häufig geben Koans Geschichten, Anekdoten und Begegnungen von einem oder mehreren Chanmeistern (und gelegentlich auch Chanmeisterinnen) wieder. Eine Reihe dieser Geschichten findet sich, teils in wörtlicher Form, bereits in früheren buddhistischen Texten – insbesondere in denen, die sich mit der Entwicklung und Weitergabe des Buddhismus befassen und traditionell als »Lampentexte« bezeichnet werden (gemeint ist damit die Weitergabe der Erleuchtung). Als eigene Textgattung umfassen Koans jedoch nicht nur Geschichten, sondern auch Gedichte, einzelne Verse sowie Bearbeitungen kurzer Dialoge, Gespräche oder Ausschnitte aus längeren Unterhaltungen, die manchmal zu einem einzigen Satz, einem Wort oder zu einer Geste kondensiert wurden.[4] Insbesondere die chinesische Übungsform des Huatou, die nur geringfügig von der Koan-Übung abweicht, arbeitet mit einem einzelnen, zugespitzten Satz, der meist einem Koan entnommen ist. Huatou 話頭 bedeutet so viel wie Kopf oder Kern einer Aussage.[5] Was Koans von herkömmlichen Erzählungen, Berichten oder Gesprächen unterscheidet, ist, dass es sich bei den Problemen, die sie stellen, erstens ausnahmslos nicht um Sachfragen, sondern um existenzielle »Fliegenglas-Fragen« handelt. Zweitens werden sie als Texte im Kontext spezifischer Übungsformen der Meditation verwendet und stehen damit in einem pragmatischen Zusammenhang. Insofern sind Koans Teil eines »Weges« (道, chinesische Aussprache *Tao* oder *Dao*), dessen Ziel wie im Koan von Jôshû das vollständige »Erwachen« ist. Ziel von Koan- und Huatou-Übung ist jedoch nicht, wie man erwarten könnte, primär die Antwort selbst (die, sofern sie im Koan überhaupt gegeben wird, meist paradox und damit auf den ersten Blick kaum hilfreicher ist als die Frage). Vielmehr geht es um das Erzeugen eines noch größeren Zweifels.[6] So auch im 19. Koan der Sammlung *Mumonkan*. Der Titel *Mumonkan* bedeutet wörtlich »Torloses Tor« oder »Nicht-Tor-Barriere« (無門關, chinesische Aussprache *Wumen guan*). Dieser Titel erläutert bereits in klarer Weise, was ein Koan ist.[7]

Wörtlich übersetzt bedeutet Koan (oder, in der chinesischen Aussprache, *Gong'an* 公案) so viel wie »öffentlicher Text«, »Bekanntmachung« bzw. »Aushang«.[8] Gemeint ist damit, dass es in diesem Text, so paradox und kryptisch er auf den ersten Blick erscheinen mag, in Wahrheit nichts gibt, das verborgen oder esoterisch wäre oder auf die Existenz eines verborgenen Sinns schließen ließe. Texte dieser Gattung werden als durch und durch öffentlich angesehen und stehen jedem, der sie lesen und als Mittel der Erkenntnis bzw. zur Lösung existenzieller Fragen nutzen möchte, zur freien Verfügung. Koans sind also nicht geheimnisvoll, sondern im Gegenteil völlig durchschaubar (ein Thema, das in manchen Koans explizit thematisiert wird). So sehr Koans durch ihre paradoxe Gestalt auch dazu führen, Zweifel zu erzeugen (Zweifel an dem, was man weiß, und Zweifel an der bisher in Anspruch genommenen Methode, diesem Zweifel zu begegnen): ihr Ziel ist es, gerade durch die permanente Beschäftigung mit einem Paradox den Zweifel zum Verschwinden zu bringen, um auf diese Weise das Lebensproblem zu lösen. Doch die Lösung ist nicht ihrerseits verborgen. Eine solche Überzeugung ist vielmehr Teil des Problems. Seine Lösbarkeit wird nicht nur mit dem Begriff »Koan« behauptet, sondern auch in der eindeutigen und klaren Antwort bestätigt, die ein Schüler seiner Zenmeisterin auf jedes Koan geben muss und kann. Bemerkenswert daran ist, dass die Antwort auf ein Koan – von wenigen Ausnahmen abgesehen – nicht in einer (verbalen) Erklärung besteht (das Wort »Mu«, im Mu-Koan, ist keine Erklärung), sondern meist in einer für das jeweilige Koan völlig eindeutigen, häufig jedoch alltäglichen Handlung oder Geste wie das Heben einer Hand oder ein Lachen. Die Antwort auf ein Koan wird nicht gesagt, sondern gezeigt.

Nachdem sich mit der Übung des Koans die existenzielle Frage gelöst hat, zuweilen während einer alltäglichen Verrichtung wie dem Laubrechen im Garten, geschieht die Präsentation der Antwort auf die Frage, die das jeweilige Koan stellt, in Form intensiver Kommunikation zwischen Meister und Schüler, im sogenannten Dokusan (独参, »Gehen zum Meister«). Koans sind insofern nicht nur Texte, die von der paradox erscheinenden Kommunikation zwischen Meistern oder von deren Einsichten erzählen, sondern sind selbst in der Präsentation der Antwort zutiefst dialogische Formen der Kommunikation zwischen Zenmeistern und ihren Schülern. Zweck der »Lösung« des Koans im Dokusan ist es, die tiefere Erfahrung des Erwachens freizulegen, die den Zweifel beseitigt, oder eine bereits gemachte Erfahrung des Erwachens durch das Koan-Training weiter zu vertiefen. Erst wenn das erste Koan – in der Regel das Koan »Mu«, Fall 1 des *Mumonkan* –

vom Chanmeister bzw. der Zenmeisterin als durch und durch gelöst betrachtet wird, setzt das weitere Koan-Training an, das im Grunde eine lebenslange Aufgabe der Vertiefung und Ausweitung der Erfahrung des Erwachens in das alltägliche Leben bleibt. Denn auch das Verständnis eines Koans wächst mit der Zeit und mit zunehmender Tiefe der Erfahrung von Kensho (見性, wörtlich »Natur sehen«), der ersten Einsicht oder dem Verstehen der eigenen (»wahren«) Natur. Die Erfahrung von Kensho, die notwendig mit dem Lösen des ersten Koans einhergeht, stellt einen Durchbruch und zugleich eine Befreiung dar, die eine hohe transformative Kraft von bleibender Bedeutung entfalten kann, vor allem wenn die Meditationsübungen weiter fortgeführt werden und die betreffende Person ernsthaft daran arbeitet, die Erfahrung von Kensho »zu leben«, d. h. die Erfahrung in das alltägliche Leben und die eigene Persönlichkeit zu integrieren und auszuweiten. Ein Koan bietet daher die Möglichkeit, hier und jetzt einen direkten Zugang zum Erwachen zu finden und damit auch zur erfahrbaren, erwachten Welt der alten Meister und letzlich Buddhas.[9] Es gibt dabei nichts, das verborgen wäre.

III. Erwachen – nicht-dualistisches Bewusstsein

Paradoxerweise ist es gerade die Radikalität völliger Offenheit, in der nichts fehlt, sondern alles offenkundig ist, die Verwirrung stiftet. Um im Bild zu bleiben: Der Ausweg aus dem Fliegenglas ist leicht zu finden, denn es hat unten eine Öffnung. Doch Fliegen neigen dazu, stets Richtung Licht und damit seitwärts oder nach oben zu fliegen, nicht aber nach unten, um dort nach dem Ausgang zu suchen. »Gerade weil es so klar ist, dauert es länger, bis man es erkennt«, heißt es daher im *Congrong Lu* (從容錄, jap. *Shoyoroku*), einer Koansammlung von Wansong Xingxiu (1166–1246).[10] Es verhält sich so, als suche man die Brille, die man bereits auf der Nase hat, um mit ihrer Hilfe, allerdings ohne es zu bemerken, genau die Brille zu suchen, die einem zu fehlen scheint. Tatsächlich ist man die ganze Zeit über in ihrem Besitz. Die Wahrheit eines Koans, falls es sich überhaupt in »objektiv« überprüfbare Aussagen übersetzen lässt, besteht also in der (zunächst banal erscheinenden) Einsicht, dass alles bereits genau so ist, wie man es jetzt sieht, hört, fühlt oder denkt, einschließlich aller Irrtümer. Es gibt demnach weder etwas zu erreichen (in Wahrheit also auch kein Koan zu lösen) noch ein Geheimnis oder eine andere, »bessere« oder »jenseitige«

Wahrheit, die man erkennen könnte oder müsste. Es gibt allein das Hier und Jetzt. Der Titel des bereits erwähnten *Mumonkan* (»Torloses Tor«) erinnert daran, dass das, was dem Fragenden als schier unüberwindliches Hindernis erscheint (das geschlossene Tor des Koans, durch das man von der Seite der Verwirrung, der Unklarheit und des Irrtums zum Haus der Wahrheit gelangt), tatsächlich kein Hindernis ist. Denn es gibt weder eine andere Seite noch eine Barriere. Die Tür, die eine Barriere zu bilden scheint, ist in Wahrheit immer schon geöffnet. Alles liegt bereits vollkommen klar und weithin sichtbar vor einem, ein Topos, der in Weisheitstexten häufig in Erscheinung tritt und vielleicht über die Grenzen von Sprachen, Traditionen und Lebensformen hinweg eine ihrer größten Gemeinsamkeiten überhaupt darstellt – dass es in Wahrheit nichts zu suchen und damit auch nichts zu finden gibt, außer dem, was ist: und genau *das* ist das eigentliche Wunder.

Doch was zeichnet die Erfahrung aus, um die es im Koan geht? In der buddhistischen Tradition wird sie »Erwachen« genannt. »Buddha« bedeutet wörtlich nichts anderes als »der Erwachte«.[11] Das Erwachen antwortet auf das zentrale Problem der buddhistischen Lehre: die Frage, wie man vom Leiden befreit werden kann. Zweifellos gibt es nicht nur Leiden, sondern auch die Möglichkeit von Glück, also Nicht-Leiden. Während die ersten beiden buddhistischen Wahrheiten die Frage nach dem Leiden und seiner Struktur beantworten, weisen die dritte und vierte Wahrheit auf die Überwindung des Leidens hin. Sie geschieht durch das Üben des Weges, der zur Erfahrung des Erwachens führt, die ihrerseits alles verändert und zugleich das Leben, wie es ist, als das akzeptiert, was es ist – als ein endliches, aber einzigartiges Leben, das die Möglichkeit beinhaltet, unabhängiger vom Leiden zu werden, nicht zuletzt im Dienst an anderen Menschen. Zwar gibt es in der buddhistischen Tradition eine Fülle von Beschreibungen dessen, was Erwachen bedeutet, und sogar einen gewissen Dissens über die Frage, wie entscheidend die Erfahrung des Erwachens ist. Im Mahāyāna-Buddhismus, in dessen Fahrwasser die Koans entstanden sind, ist völlig klar, dass die Essenz des Buddhismus nicht etwa in den Schriften oder der Übernahme einer Dogmatik liegt, sondern in der (Weitergabe der) eigenen, direkten Erfahrung des Erwachens. Das Problem ist zweifellos, dass die Wiedergabe dieser Erfahrung – ähnlich wie die Wiedergabe einer komplexen logischen Operation oder einer verdichteten Formel wie der Feld- oder der Schrödingergleichung – in der Umgangssprache nicht gelingen kann. Zenmeister werden stets darauf hinweisen, dass die Erfahrung selbst sich der Sprache entzieht – so wie eine Rose in der Sprache zwar bezeichnet und »wiedergegeben«

werden kann, das Wort »Rose« jedoch nie eine Rose *ist*. Trotz der Defizite sprachlicher Erfassung lässt sich ein zentrales Charakteristikum der Erfahrung des Erwachens benennen – sie ist »nicht-dualistisch«. Diese nicht-dualistische Erfahrung der Wirklichkeit und des Selbst ist die Essenz des Buddhismus.[12]

Koans sind ein Weg zu dieser Erfahrung, bei der es darum geht, die Unterscheidung von Subjekt und Objekt hinter sich zu lassen – gleich was im Geist oder in der Welt auftaucht. Diese Übung stellt auch historisch die Wurzel der bekannten Methode des MBSR (Mindfulness-Based Stress Reduction) dar.[13] Bildhaft gesprochen bleibt beim achtsamen Sitzen vor der Wand weder die Wand oder das Koan zurück noch eine Person, ein subjektives Bewusstsein, das sich als dieses Subjekt wahrnimmt. Es ist, als sei das Subjekt aus der Erfahrung »herausgenommen« und, in der Formulierung von Zenmeister Dogen Zenji (1200–1253), vollkommen vergessen. Körper und Geist sind, so Dogen, »ausgefallen«. Insofern heißt sich selbst zu ergründen auch, sich selbst zu vergessen, denn »erst dann wird klar, dass es kein von den anderen getrenntes Ich gibt, weil es mit allen Wesen verbunden ist«.[14] Zu erwachen bedeutet, genau diese Erfahrung zu machen: dass alles verbunden ist, auch wenn sich diese Verbindung von Moment zu Moment neu gestaltet. Andere Traditionen wie die tibetischen Dzogchen-Lehren beschreiben diese Erfahrung ähnlich wie der Chan-Buddhismus. Denn das Training besteht in den Worten des tibetischen Meisters Tulku Urgyen Rinpoche »darin, einfach unabgelenkt zu bleiben, weil es dieses Unabgelenktsein ist, das uns ganz bis zur vollständigen Erleuchtung bringt … Der Schlüssel besteht hier darin, nicht auf eine mit Konzepten verbundene Weise unzerstreut zu bleiben … Die Qualität der Wachheit ist nicht weg und dennoch ist kein Konzept da. Wenn man so sein ganzes Leben lang übt, wird das konzeptuelle Denken sich immer mehr abschwächen und die Gedanken werden abnehmen.«[15]

Dies bedeutet nicht, dass man durch Meditieren das Denken verlernen würde. Es bedeutet aber, dass man auch im Alltag zunehmend häufig im Zustand des Nicht-Denkens verweilen kann.[16] Dass diese Erfahrung ermöglicht, einerseits bewusst und hellwach, andererseits selbstvergessen die Wirklichkeit wahrzunehmen, ist ebenso wenig ein Widerspruch wie die Feststellung, dass sich diese Wirklichkeitserfahrung nicht adäquat begrifflich, also mit Hilfe von Konzepten, beschreiben lässt. Im Koan-Training geht es jedoch gar nicht um ein exaktes sprachlich-kognitives Erfassen der Wirklichkeit (so wie in den Wissenschaften oder in der Philosophie), sondern um eine spezifische nicht-dualistische *Erfahrung*, egal ob diese sich hinterher beschreiben lässt oder nicht. Und doch ist eindeutig feststellbar, ob jemand diese Erfahrung tatsächlich gemacht hat – und das »Lösen« eines Koans ist einer der Wege, dies zu prüfen. Allerdings bedarf es dafür einer längeren Zeit der Übung, Disziplinierung und Kultivierung des Bewusstseins in der Meditation. Analog zu den Erfahrungen, die die Grundlage jeder Auswertung eines wissenschaftlichen Experiments darstellen, sind auch Meditationserfahrungen keineswegs »rein subjektiv«. Vielmehr bildet sich durch die Praxis langjährigen, oft gemeinsamen Sitzens eine Form des Sensus communis, wie Kant diese spezielle Form der Urteilskraft nannte: eine intersubjektive, interkorporale und zugleich geistige Erfahrung, die sich bis zu einem gewissen Grad sogar wissenschaftlich erforschen lässt.[17]

Insofern kann der häufig gegen die Erfahrung der Meditation gerichteten Kritik, es handele sich nicht um eine Erfahrung, die wahre Aussagen über die Wirklichkeit hervorbringt, entspannt begegnet werden. Die Behauptung lautet nicht, dass man durch tiefe Meditation einen unmittelbaren oder »besseren« Zugang zur Wirklichkeit erhalten würde (das wäre in der Tat eine Form von naivem Realismus). Vielmehr geht es darum, eine sehr spezifische Erfahrung einer nicht-konzeptuellen Wahrnehmung von Wirklichkeit zu machen, die nachweislich einen Aspekt- und Perspektivwechsel bewirken kann und weitreichende Auswirkungen auf die Lösung von Existenzfragen hat. Ob man diesen Lösungen quälender Lebensprobleme die Qualität »wahrer Aussagen« zuschreiben will, ist eine nachgeordnete Frage, über die philosophisch derzeit wenig diskutiert wird.

IV. Wege zum Erwachen

Koans stellen nicht die einzige Möglichkeit dar, die Erfahrung des Erwachens zu machen oder sie zu vertiefen. Vor allem im chinesischen, japanischen und koreanischen Zen finden neben Atemübungen, die auf Yogawurzeln zurückzuführen sind, Übungen mit Koans ebenso Verwendung wie die Übung des Shikantaza (只管打坐), des konzentrierten »nichts anderes als Sitzen« (auch schweigende Erleuchtung genannt).[18] Die Unterschiede der Übungen einzelner Schulen und deren Veränderungen über die Jahrhunderte sind im Einzelnen schwer zu rekonstruieren. Um eine Analogie zu bemühen: Wenn wir, übertragen auf den jüdisch-christlichen Kontext, allein von der lebendigen Praxis heutiger Konfessionen ausgingen, könnten wir kaum etwas über die Praxis der Essener wissen – denn diese sind längst aus dem Judentum verschwunden. Ähnliches gilt auch für unser Wissen über die Übungen, die im frühen

Griechenland in Gebrauch waren und nachweislich Atem- und an Yoga erinnernde Dehn- und Drehübungen umfassten. Entsprechend lässt sich heute weder genau nachvollziehen, wie die ersten Buddhisten tatsächlich meditiert haben, noch lässt sich eine bestimmte Übung als die zentrale Übung des historischen Siddhartha Gautama herausdestillieren. Das Zentrum aller Übungen besteht, mit Zenmeister Dogen gesprochen, jedoch darin, »das Wesentliche direkt und außerhalb der Begriffe zu erkennen und das Prinzip nicht in Worte zu fassen«.[19] Vieles spricht dafür, dass die Entwicklung von Achtsamkeits- und Meditationsübungen, die in der Chan- und Zenpraxis allmählich kultiviert und kodifiziert wurden, Resultat eines langen und vielfältigen Prozesses der Öffnung, Demokratisierung und Vereinfachung buddhistischer Praxis war, deren langfristiges Ziel darin bestand, Meditationsübungen und damit die Erfahrung des Erwachens allen Laien, Männern wie Frauen, zugänglich zu machen.[20]

Die Übung des Shikantaza oder Nur-Sitzens besteht anders als die Koan-Übung darin, zu sitzen ohne jeden Zweck oder jede Intention. Gedanken und Gefühle werden zwar wahrgenommen, jedoch nicht weiterverfolgt, sodass man sich nicht mit ihnen identifiziert. Wer je versucht hat, »nur« zu sitzen, weiß: Dieses Sitzen führt dazu, dass man sich erinnert, träumt, müde wird, Gedanken nachläuft, Knieschmerzen hat, eine Fliege beobachtet oder am Motorgeräusch eine Automarke erkennen will. Shikantaza bedeutet, völlig absichtslos zu sitzen und jeden Sinneseindruck oder jede auftauchende Intention zwar bewusst wahrzunehmen, dann aber wieder fallen zu lassen und nicht weiter zu verfolgen. Anders formuliert geht es darum, allein das, was hier und jetzt ist, wahrzunehmen, und zwar ohne jegliche Beurteilung. Shikantaza bedeutet zu akzeptieren, was und wie es ist.

Im Unterschied dazu nutzen Koan-Übungen das Koan als »Anker« und Mittel der Konzentration. Es ist weniger der Prozess der Atmung und des Nur-Sitzens, der zum nicht-dualistischen Bewusstsein führen soll, als das Ausbremsen und Erschöpfen des begrifflichen Denkens, das durch die Beschäftigung mit den Paradoxien der Koans in die Enge getrieben wird. Mit Denken kommt man wie im Fall von »Mu« nicht weiter. Was ist die Lösung von »Mu«? Diese muss man am Ende des Prozesses im Dokusan präsentieren: buchstäblich mit seiner ganzen Existenz.

Welche Übung auch gewählt wird: es geht seit 2500 Jahren um die Erfahrung des nicht-unterscheidenden Bewusstseins. Der Weg dorthin ist ein lebenslanger Weg, denn beide Übungen – Shikantaza und Koan – kommen ebenso wenig an ein Ende, wie sie an einen bestimmten Ort führen. Genau dies war die entscheidende Erfahrung Jôshûs im eingangs zitierten Koan. Der Schlüssel zu dieser Erfahrung ist das, was im Buddhismus Leere genannt wird und im Chan- bzw. Zenbuddhismus Nicht-Wissen bzw. Nicht-Denken (*Hishiryo*, 非思量), was etwas völlig anderes als Gedankenlosigkeit meint. Im Gegenteil: Es handelt sich um einen äußerst klaren, zu Unterscheidung und Urteil befähigenden Bewusstseinszustand (*shin*, 心) des völligen Präsentseins im Hier und Jetzt. Der Unterschied zur intensiven Konzentration besteht darin, dass alle Vorstellungen und Kategorien, die eine Trennung von »Ich« und »Etwas« hervorbringen, losgelassen werden. Anders als bei der reinen Konzentration existiert im Nicht-Denken der Meditation kein Ich-Bewusstsein mehr.

Zusammenfassend lässt sich sagen, dass Koans im Kontext der fortgeschrittenen Meditation und in der langjährigen, dialogischen Begegnung mit einem Chanmeister bzw. einer Zenmeisterin im Dokusan höchst wirksame Mittel sind, um diskursives Denken zu unterbrechen und die Erfahrung des Erwachens in alle Richtungen des alltäglichen Lebens zu vertiefen und auszuweiten. Jedes Koan lebt von dieser Erfahrung des Erwachens, die es in einem neuen Kontext zum Ausdruck bringt und die im jeweiligen Kontext präsentiert und »geklärt« werden muss. Meines Wissens gibt es in der gesamten westlichen Tradition keinerlei auch nur annähernd ähnlich systematisierte spirituelle Übung wie die Koan-Schulung, wobei diese selbstverständlich nicht der einzige Weg zum Erwachen und zur Einübung in Weisheit ist. Fragen, auch Fliegenglas-Fragen, basieren auf Konzepten. Mit der Erfahrung von »Mu« lösen sich jedoch das konzeptionelle Denken und mit ihm verbundene Fragen auf. Was wir dann erkennen, ist, dass es buchstäblich nichts gibt, das »hinter« unserer Erfahrung versteckt wäre, nichts, das die Erfahrung »Jetzt!« weiter erklärt oder rechtfertigt.[21]

V. Weisheitspraxis, Nicht-Wissen und Komplexität

Um genauer zu verstehen, was Koan-Praxis mit Weisheit zu tun hat, reicht es nicht, darauf zu verweisen, dass im Buddhismus Weisheit nichts anderes ist als »Leerheit erfüllt von Mitgefühl«.[22] Leere bezeichnet die positive Erfahrung, dass alles mit allem verbunden ist und genau aus diesem Grund keinerlei Essenz, Kern oder Bestand in sich selbst haben kann. Verkürzt gesagt existieren wir nur deswegen, weil vor Milliarden von Jahren Prozesse der Kernfusion in fernen Sternen stattfanden, aus deren »Staub« wir entstanden sind. Aber erst aus der Erfahrung dieser Einheit von allem erwächst ein Handeln, das ichlos, nicht mehr »getrennt« von dem oder den Anderen ist. Daher ist es für einen Weisen »natürlich«, uneigennützig all jenen zu helfen, die Hilfe benötigen. Er bzw. sie und »die Anderen« sind nicht-zwei.

Aus der Sicht von Jôshû führt der Weg der Weisheit bei der Klärung der Lebensprobleme für sich und andere nicht primär über Wissen oder Denken oder Kategorien wie Richtig und Falsch, sondern über die möglichst unkonzeptionelle Erfahrung des Hier und Jetzt, die Fähigkeit loszulassen und sozusagen unplugged zu existieren. Nicht *mehr* zu wissen und genauer zu verstehen ist die Aufgabe, sondern das, was ist, voll und ganz zu *erfahren*. Nansen gibt Jôshû den Rat, dass der beste Weg der sei, ohne jede Karte zu gehen: hineinzuspringen in das, was ist – ohne zu wissen. Wer lediglich versucht, Wissen zu vermehren oder im Gegenteil bestimmtes Wissen zu verdrängen, sei es durch exzessives Denken, durch Drogen oder andere Formen der Betäubung, die das Bewusstsein dämpfen, handelt in den Augen Nansens töricht. Erst wenn beides hinter einem liegt, wenn es »niemanden« mehr gibt, der wahrnehmen oder wissen oder nichtwissen könnte, wenn der Geist völlig leer ist, aber gleichzeitig hellwach und fähig, das zu erfahren, was ist: genau dann ereignet sich das Erwachen, das Jôshû erfahren hat.

Erstaunlicherweise kann, wie die Koans zeigen, das, was mit dem Erwachen erfahren wird, überall erfahren und überall praktiziert werden. Das gesamte Leben, jeder Moment, ist eine torlose Tür, ein Schlüssel ohne Schloss. Erst wer die Erfahrung des Erwachens gemacht hat, so Nansen, hat den Weg verwirklicht und ist angekommen: bei sich, bei anderen Menschen und Lebewesen sowie in der komplexen Wirklichkeit, die so viel Widersprüche und Leiden erzeugen kann. Der entscheidende Punkt, den Jôshû unmittelbar mit seinem Erwachen realisiert, ist, dass man den Geist in Wahrheit nicht zu leeren braucht: Er ist bereits leer (»jenseits von Begriff und Form«, wie es zuweilen heißt). In der tibetischen Tradition spricht man daher von dem »Natürlichen ohne Methode«, von »unabgelenkter Nicht-Meditation« oder dem völlig unspektakulären, einfachen und gelösten Verweilen »in Natürlichkeit«.[23] Es geht darum, klar und frei im Alltag zu Hause zu sein. Das ist alles. Koans helfen dabei, mit der Widersprüchlichkeit und Vergänglichkeit des Lebens besser umzugehen. Sie helfen, ganz da zu sein – egal ob man kocht, arbeitet, in der Sonne sitzt oder durch den Regen läuft. Im Sinne der Koans ist »jeder Tag ein guter Tag«.[24] Dies zu verwirklichen bedeutet, dem Leben mit all seinen Höhen und Tiefen, aber auch dem Tod gelassen begegnen zu können.

All dies ist kein Thema der Wissenschaften. Allerdings lässt sich wissenschaftlich gut begründen, dass die zentrale Struktur der Wirklichkeit, in der wir heute leben, ihre enorme Komplexität ist. Die Komplexität der Wirklichkeit ist dabei keine Metapher, sondern ein durch und durch naturwissenschaftlicher Forschungsbereich.[25] In meiner Monografie über Weisheit habe ich, ausgehend von empirischer Forschung zu Weisheit aus den Gebieten der Psychologie, Neurowissenschaften, Gerontologie sowie der Kognitions- und Sozialwissenschaften, die These ausgearbeitet, dass Weisheit entscheidend mit dem nachhaltig guten Umgang mit Komplexität zusammenhängt. Denn es sind in erster Linie komplexe Probleme, die uns verwirren. Gerade weil die Wirklichkeit auf seltsame Weise komplex ist, führt das Nachdenken über sie zu immer neuen Fragen nach der Struktur der Wirklichkeit, nach ihrer Form oder Natur. Auf die Antworten folgen, so sehr man sich seit Jahrtausenden auch um letzte Gewissheiten bemüht, nur neue Fragen. Die Einsicht, die sich daraus ergibt, ist frappierend einfach: Die Struktur der Realität bleibt komplexer als alles, was man über sie sagen oder denken kann. Denn komplexe Systeme haben eine Reihe von Eigenschaften, wie etwa Unvorhersehbarkeit trotz vollständiger Information, exponentielle Dynamik, Selbstähnlichkeiten und Selbstorganisation oder das Hervorbringen emergenter Eigenschaften und Kipppunkte, um nur einige wenige zu nennen. Komplexe Systeme wie Ökosysteme zeichnen sich außerdem dadurch aus, dass sie neue makroskopische Ordnungsstrukturen ausbilden können, die durch die kollektive Wechselwirkung aller Elemente eines Systems sowie ihrer Beziehungen oder Wirkungen aufeinander entstehen – ein Gedanke, der Evolution auf neue Weise beschreibt und zugleich an die buddhistische These von der »Einheit« aller Dinge erinnert. Eines ist nur, weil etwas anderes ist – und keines von beiden ist allein aus oder in sich selbst. In den letzten Jahren konnte gezeigt werden, dass viele komplexe Prozesse im Ganzen nicht deterministisch sein können, obwohl auf lokaler Ebene durchaus Determinismus und Kausalität vorherrschen.[26] Die indische Tradition hat für derartige Prozesse der Vernetzung oder Interdependenz der Dinge das Bild von Indras Netz geprägt. Was sich darin ausdrückt, ist die Überzeugung, dass es nur *eine* Wirklichkeit, nur *eine* Realität gibt und deshalb in dieser Realität alles miteinander zusammenhängt.[27] Nachweislich ist jedoch bereits ein System von der Komplexität natürlicher Zahlen so beschaffen, dass es in Bezug auf die Summe wahrer Aussagen unvollständig bleibt (Gödeltheorem). Dies dürfte erst recht gelten, wenn man die Komplexität der Wirklichkeit in ihrer Gesamtheit zu denken versucht. Insofern gilt Martin Heideggers Satz, dass es unmöglich ist, über

Sein zu sprechen, ohne »es« als »etwas«, sprachlich also als *ein* Sein, zu fassen – was gerade vermieden werden soll. Dass das Nachdenken über Sein und Nichtsein notwendig in Paradoxien mündet, ist seit jeher die zentrale Einsicht des Mahāyāna-Buddhismus, insbesondere in der Philosophie Nagarjunas und seiner viergliedrigen Logik.

In der westlichen Philosophie war es diese Einsicht in die Grenzen sowohl des Sagbaren wie des Wissens, die mit Sokrates – textlich mit Platos Niederschrift der *Apologie des Sokrates* – für die Philosophie namensgebend wurde. Philosophie ist demnach die freundlich-liebevolle Befassung mit Weisheit, die für Sokrates entscheidend damit zusammenhängt, die Grenzen seines Wissens zu erfassen und damit das Nichtwissen anzuerkennen. Mit Hilfe der Hebammenkunst (Mäeutik) wollte Sokrates im öffentlichen Diskurs einerseits helfen, das, was überhaupt kommuniziert und gedacht werden kann, zur Welt zu bringen. Andererseits aber wollte er durch sein insistierendes Fragen Einblick in die Grenzen des jeweiligen Wissens vermitteln, also das, was hervortrat, kritisch testen, um auf diese Weise die Qualität des Denkens seiner Gesprächspartner zu prüfen. Die alleinige Methode aber war Diskurs.

Im Unterschied dazu dienen Koans zwar ebenfalls der Hervorbringung einer Antwort; diese ist jedoch nicht notwendig verbal oder diskursiv und damit kein Wissen im Sinne der Wissenschaften. Deshalb fördern Koans auch kein Wissen. Vielmehr untergraben sie es und treiben es durch Paradoxien in die Enge. Andererseits sind auch Koans eine Art von sokratischer Prüfung – wenn auch nicht im Sinne einer Überprüfung von Wissen, sondern mit Blick auf die Qualität einer Erfahrung, die hohes transformatives Potenzial entfalten kann und daher geeignet ist, Lebensfragen zu beantworten (oder in buddhistischer Terminologie: von Dukkha – Leiden – zu befreien). Die Antworten auf diese Fragen müssen im Alltag gegeben werden. Insofern finden sie, wie die sokratischen Dialoge, in der Agora statt. Dennoch ist die Erkenntnis, *dass* Lebensprobleme gelöst sind, weil alle Türen von vorneherein offen waren und man ungehindert hindurchgehen kann, eine Einsicht, deren Wahrheit sich im Verlaufe des Lebens wie im Sterben bewähren muss. Die Übung der Koans zielt auf Weisheit und Freiheit; wissenschaftliche Methoden auf ein Wissen, das zwar befreien kann, aber nicht muss – denn oft schafft Wissen nur neues Leiden, man denke etwa an die Errungenschaften der Kernphysik.

Ein Weg, mit den Grenzen des Wissens umzugehen, ist, sich auf andere Weise als durch Wissen mit der Komplexität der Wirklichkeit so vertraut zu machen, dass wir uns in ihrer seltsamen Widersprüchlichkeit zu Hause fühlen. Für Philosophen wie Martin Heidegger war die Sehnsucht, überall zu Hause sein zu können und dieses zu Hause durch eine permanente Aussprache und Zwiesprache des Menschen mit sich selbst zu finden, das Programm abendländischer Philosophie schlechthin.[28] Obwohl wir letztlich nichts Abschließendes über die Wirklichkeit wissen oder sagen können, sind wir dazu in der Lage, ein zufriedenstellendes, geschmeidiges und bewegliches Leben in dieser Wirklichkeit zu entwickeln, das es uns ermöglicht, frei und freundlich »in« oder besser mit ihr (und uns) zu leben. Dieses »bewegliche«, fluide Wissen resultiert aus der einfachen Tatsache, dass wir durch wiederholte Übungen der Kultivierung und Klärung des Bewusstseins wie in der Meditation auf sehr intime Weise mit der Widersprüchlichkeit und Komplexität der Wirklichkeit vertraut werden können und dabei Ambiguitätstoleranz und Resilienz entwickeln. Auf diese Weise können wir uns frei und gelassen in der Realität bewegen – was auch immer passiert, trotz aller Schattenseiten und der Endlichkeit des Lebens. Und doch bleibt alles, was uns begegnet, *eine* Wirklichkeit. Die Übungen der Meditation mit ihren unterschiedlichen Techniken des frühen und späteren Buddhismus stellen im Wesentlichen Einübungen in einen Zustand des In-der-einen-Welt-zu-Hause-Seins dar, im Leben ebenso wie im Tod. Insofern gibt es nichts, das je fremd wäre – und genau das bedeutet, überall zu Hause sein zu können. Die Antwort auf viele drängende Fragen der Philosophie ist womöglich keine begriffliche, sondern eine existenzielle – zumal alles, was ist, immer nur Hier und Jetzt sein bzw. gelöst werden kann. *Diese* Erfahrung und den Bewusstseinszustand, der mit ihr einhergeht, stetig weiter zu klären und zu kultivieren, ist das Ziel von Shikantaza und Koan-Training. Beides ist nichts anderes als ein Weg zum Erwachen in der einen und einzigen komplexen Wirklichkeit. Dieses Erwachen ist, zumindest aus buddhistischer Sicht, die Grundbedingung für einen nachhaltigen, guten Umgang mit der verwirrenden Komplexität der Wirklichkeit. Und doch bleibt die Übung von Meditation, sei es durch Shikantaza, sei es durch Koan-Training, nicht primär ein Weg des Wissens und nicht einmal des Verstehens. Buddhismus als Praxis ist kein Weg, eine bessere Komplexitätstheorie zu formulieren – wohl aber ein Weg, besser mit der Komplexität der Realität zu leben. Weisheit (Prajña) und mitfühlende Barmherzigkeit (Karuna; in der Übersetzung von Michael von Brück »heilende Hinwendung zu allen Wesen«) sind jedoch die entscheidenden Qualitäten eines Lebens und Handelns, die aus dieser Übung erwachsen können. Die Haltung, die der Übung von Weisheit durch die Praxis der Koans entspricht, drückt Meister Mumon in seinem zum Fall 19 verfassten Gedicht des *Mumonkan* in poetischer Form so aus:

Die Blumen im Frühling –
der Mond im Herbst.
Im Sommer die kühle Brise –
im Winter der Schnee!
Wenn unnütze Sachen den Geist nicht
vernebeln,
Ist dies des Menschen glücklichste Jahreszeit!

* * *

Straßenszene in Tel Aviv.

Liebe Leute,

mir ist völlig schleierhaft, wie ich auf die Liste für diesen Kettenbrief geraten bin. »Weisheit« verbreiten zur Verbesserung der Lage der Menschheit – Du meine Güte! Seit wann gibt es die sogenannte Weisheit? Seit Ewigkeiten! Hat sie irgendwann einmal die Lage der Menschheit verbessert? Nicht dass ich wüsste! Einzelne haben sich in ihre Höhlen zurückgezogen oder meditiert. Aber ist die Welt dadurch besser geworden? Die angeblich weisen Orthodoxen, die hier in Israel täglich die Psalmen lesen und zitieren, haben die zu einer Verbesserung der Lage beigetragen? Nein, im Gegenteil, sie haben sie verschlimmert! Unsere Lage ist immer auch eine politische, und wer sie verbessern will, muss die politischen Verhältnisse verbessern. Das gelingt nicht, indem man irgendwelche abgedroschenen und darüber hinaus auch noch vieldeutigen Sprüche aufsagt wie »Der Weg ist das Ziel« oder »Wer sich nicht selbst liebt, kann auch keinen anderen lieben«. Unsere persönliche Situation ist nicht allein durch das bestimmt, was wir als Einzelne denken und empfinden, sondern durch Institutionen, kollektive Gewohnheiten, Kommunikationsmedien. Ich kann mich aus diesen ganzen Zusammenhängen ausklinken. Aber dadurch, das muss Euch doch klar sein, verbessere ich nichts, außer mein naives Gewissen. Ich weiß, Ihr werdet einwenden, dass ich doch selbst Meditationskurse besucht habe, damals in München. Stimmt. Aber ich habe in den 12 Jahren, die ich nun schon hier in Tel Aviv lebe, dazugelernt. Mir kommt es inzwischen egoistisch vor, sich für die eigene Weisheitsentwicklung zurückzuziehen und zu glauben, dadurch »die allgemeine Lage« zu verbessern, weil ja jeder angeblich »bei sich selbst« anfangen muss. Das ist individualistische Ideologie, auf die wir nicht mehr hereinfallen sollten. Nun, ich will kein Spielverderber sein und in Erinnerung an die früheren Zeiten auch etwas beitragen zu dieser Briefgeschichte. Denn vielleicht taugt sie ja dazu, dass wir uns über das Verhältnis von Weisheit und Politik austauschen. Das wäre doch einmal was! Hier also mein Beitrag; es ist ein jüdischer Witz:

Ein Jude und ein Goy sitzen sich schon eine Weile im Zug von Chicago nach New York gegenüber. Da fasst sich der Goy ein Herz und fragt den Juden: »Warum seid ihr Juden eigentlich so weise?« Der Jude denkt ein Weilchen nach und antwortet schließlich: »Weil wir Fischköpfe essen.« »Weil ihr Fischköpfe esst?«, fragt der Goy ungläubig zurück, »ist das Ihr Ernst?« »Weil wir Fischköpfe essen«, erwidert der Jude. »Hast Du Fischköpfe dabei?«, fragt der Goy. »Ja«, sagt der Jude, »zufällig tatsäch-

lich.« Er kramt in seiner Tasche, holt einen Packen Zeitungspapier hervor, entrollt ihn und bringt so auf seinem Schoß eine ganze Reihe Fischköpfe ans Licht. »Donnerwetter!«, sagt der Goy, »habt ihr die also immer dabei …« »Möchtest Du einen? Such Dir den schönsten aus!«, sagt der Jude, »20 Dollar das Stück.« Der Goy kramt das Geld aus seiner Brieftasche hervor, reicht es dem Juden und nimmt sich den größten Fischkopf. Nachdem er ein Weilchen gekaut hat, schaut er den Juden an und fragt: »20 Dollar, ist das nicht ein bisschen viel für einen Fischkopf?« »Siehst Du«, sagt der Jude, »es wirkt schon!«

Euer Gideon

* * *

Lieber Gideon,

was ist das denn, ein antisemitischer Weisheits-Witz? Bist Du von allen guten Geistern verlassen? Der geldgierige Jude, der selbst aus dem Bedürfnis nach Weisheit noch etwas herausschlägt! Aber weil Du als Jude ihn erzählst, darf man gegen so etwas natürlich nichts sagen. Na ja, jüdischen Selbsthass will ich Dir nicht unterstellen. Ich muss allerdings sagen, dass ich diese Geschichte gar nicht witzig finde. Aber lassen wir das und gehen zu etwas anderem über: Ich denke nämlich, dass Du Deine Tradition ziemlich unterschätzt. Ist Weisheit nicht auch etwas, was wir uns von Gesetzgebern und Richtern wünschen? Handeln die nicht für ihre Gemeinschaften? Ist Solon, der große griechische Gesetzgeber, der mit der Verschriftlichung der Gesetze Rechtssicherheit schuf und die Solidarität der Athener förderte, nicht einer der Sieben Weisen von Griechenland? Und ist der Talmud nicht sowohl ein Gesetzestext wie ein Weisheitsbuch? Wird in ihm nicht über das Verhalten in der Gemeinschaft nachgedacht? Ich finde, Du siehst mit Deiner Vorstellung, dass Weisheit eine Sache der Einzelnen ist, gleichsam eine existenzielle Angelegenheit, wo es uns doch eigentlich um die Gemeinschaft, das Politische zu gehen habe, die Dinge zu einfach. Das Recht formt Gemeinschaften und verlangt Gehorsam vom Einzelnen. Es ist mir etwas peinlich, aber ich möchte Dich bitten, doch einmal in den angehängten Text unseres gemeinsamen Freundes Daniel Strassberg über den Talmud zu schauen. Vielleicht bekommst Du dann ein anderes Bild der Weisheit, auch in Deiner eigenen Tradition, wenn ich so sagen darf.

Herzlich
Dein Anton

* * *

Daniel Strassberg

Die Weisheit der Gesetze: Der Talmud

Stellen Sie sich vor, eine moderne Staatsverfassung würde so beginnen:

> § 1. Die Wahllokale sind an Abstimmungssonntagen von 10.00 Uhr bis 12.00 Uhr geöffnet. Abgeordnete Hinz sagt, ab dem Frühstück [müssten die Wahllokale geöffnet sein], Abgeordneter Kunz bis 14.00 Uhr, weil seine Söhne am Sonntag nie vor dem Mittagessen aufstehen.

Mutete so etwas nicht bizarr an? Am Anfang einer Verfassung erwarten wir Erhabenes und Grundsätzliches wie: »Die Würde des Menschen ist unantastbar« oder: »Wir, das Volk … sind von der Absicht geleitet, das allgemeine Wohl zu fördern …«[1] – und wenn schon nicht so etwas, dann immerhin grammatikalisch einwandfrei formulierte Sätze. In Verfassungen und vor allem ihren ersten Artikeln und Präambeln geht es schließlich um die großen Fragen, darum, wer der Souverän ist, um Einheit, Frieden und Sicherheit, um Freiheit, Wohlfahrt und Gott, nicht um die Öffnungszeiten von Ämtern.[2]

Doch der Talmud, die Quelle jüdischer Weisheit, beginnt genau so:

> Von wann an liest man das Sch'ma-Gebet an den Abenden? Von der Stunde an, zu welcher die Priester eintreten, um von den Abgaben zu essen, bis zum Ende der ersten Schicht. Das sind die Worte von Rabbi Elieser. Die Weisen sagen: Bis Mitternacht. Rabban Gamliel sagt: Bis zur Morgendämmerung. Es trug sich zu, dass seine Söhne von der Schenke spät nach Hause kamen und ihm sagten: Wir haben das Sch'ma-Gebet nicht gelesen. Er antwortete: Wenn die Morgendämmerung noch nicht begonnen hat, seid ihr verpflichtet, es zu lesen. Und nicht nur das, jedes Mal, wenn die Weisen »bis Mitternacht« sagten, darf man die Pflicht bis zum Morgengrauen erfüllen.[3]

Wäre es nicht klüger, sich die *Sprüche der Väter* vorzunehmen, um die Weisheit des Talmuds vorzustellen? Da gibt es Sentenzen, die ohne Zweifel weise zu nennen sind: »Wenn ich nicht für mich bin, wer ist für mich? Und wenn ich [nur] für mich bin, was bin ich? Und wenn nicht jetzt, wann denn?«[4] Das ist bestimmt schön gesagt, aber diese Form erbaulicher Weisheit ist völlig unspezifisch.

Jede Kultur kennt ähnliche Spruchsammlungen. Die Weisheit des Talmuds muss man herauspräparieren, wie ein Chirurg oder ein Pathologe einen Nerv oder ein Blutgefäß herauspräpariert, und zwar weil seine Weisheit nicht im Inhalt, sondern in einer eigentümlichen Praxis der Rechtsprechung und in einer Technik der Interpretation begründet liegt.[5]

Was genau ist der Talmud? Nach der jüdischen Überlieferung übergab Gott Moses am Berg Sinai gleichzeitig mit der schriftlichen Thora, den fünf Büchern Mose, die mündliche Thora, die mündliche Lehre, mit der ausdrücklichen Auflage, sie nicht schriftlich festzuhalten. Das Gesetz sollte auf zwei Pfeilern ruhen, einem unveränderlichen und einem anpassungsfähigen, um so einen Ausgleich zwischen dogmatischem Rigorismus und opportunistischer Beliebigkeit zu schaffen.

Nach der Zerstörung des Zweiten Tempels durch die Truppen des Kaisers Titus im Jahre 70. n. Chr. und der darauffolgenden Zerstreuung der Juden beschloss ihr geistiger Führer, Rabbi Jehuda ha-Nasi, gewöhnlich nur Rabbi genannt, das Verbot der Niederschrift zu brechen, damit trotz der Zerstreuung der Juden die Tradition nicht verloren gehe. Daraus entstand etwa um das Jahr 200 n. Chr. die Mischna, die erste schriftliche Kodifizierung des mündlich überlieferten Teils des Gesetzes.

Allmählich verschob sich danach das geistige und ökonomische Zentrum des jüdischen Volkes ins Zweistromland. In den Städten Sura und Pumbedita – nahe dem heutigen Falludscha im Irak – entstanden große Akademien, uns Bewohnern des Westens heute merkwürdig anmutende Mischungen aus Universität und Gerichtshof, als wären juristische Fakultäten zugleich Obergerichte. Es wurden reale Rechtsfälle diskutiert und entschieden und dabei gleichzeitig den Studenten die Gesetze gelehrt und Präzedenzfälle vorgestellt. Vielleicht kann man das mit dem klinischen Studium der Medizin vergleichen, wo man in die Heilkunde eingeführt wird, indem man dem behandelnden Arzt über die Schulter schaut. Die Diskussionen der Sitzungen, einschließlich der gefällten Entscheidungen, wurden zunächst vom Meister an den Schüler weitergegeben. Dadurch, dass auf Abschweifungen und Anekdoten, die auf den ersten Blick mit dem verhandelten Fall wenig zu tun haben, nicht verzichtet wurde, entsteht ein merkwürdiges Ungleichgewicht: Eine scheinbar unwichtige Anekdote nimmt oft ungleich viel mehr Raum ein als die Begründung des Entscheides.

Mit der Zeit nahm der Umfang dieser Überlieferungen jedoch Ausmaße an, die es unmöglich machten, auch nur annähernd den Überblick zu behalten. Da entschlossen sich die Rabbinen etwa um das Jahr 600 n. Chr., die Überlieferungen ein weiteres Mal zu verschriftlichen. Daraus entstand die Gemara, die zweite Niederschrift der mündlichen Überlieferung nach der Mischna. Allerdings hat die Gemara einen anderen Charakter als die Mischna: Während die auf Hebräisch verfasste Mischna einer klassischen Gesetzessammlung ähnelt, ist die mehrheitlich aramäische Gemara eine Sammlung von Sitzungsprotokollen, die den jeweiligen Abschnitt der Mischna kommentiert. Mischna und Gemara zusammen bilden den Talmud.

Der Talmud ist also primär eine Gesetzessammlung. Allerdings urteilt er weder aufgrund von Präzedenzfällen, wie das britische Common Law, noch, wie das kontinentale Römische Recht, durch Subsumption des Einzelfalls unter ein vorgängig bestehendes allgemeines Gesetz. Die Spaltung der jüdischen Rechtstradition in zwei gleichwertige Stränge, in eine schriftliche und eine mündliche Überlieferung, ermöglicht einen dritten Weg, ein komplexes hermeneutisches Spiel zwischen den beiden westlichen Formen der Rechtsfindung.

Die Fähigkeit, den richtigen Präzedenzfall ausfindig zu machen, um einen gegebenen Fall zu behandeln oder eine besondere Situation auf die richtige Weise unter ein allgemeines Gesetz zu subsumieren, gilt als Kompetenz der sogenannten Urteilskraft, einer Fähigkeit, die nicht weit von der Weisheit zu sein scheint. Wenn wir also einer spezifisch talmudischen Weisheit auf die Spur kommen wollen, dürfen wir sie nicht in den Inhalten suchen, etwa in Ratschlägen zu guter Lebensführung, sondern in der besonderen »Mechanik« der Urteilsbildung.

Am Beispiel des zweiten Kapitels des Traktats *Bava Metzia* (»Das mittlere Tor«), in dem das Fundrecht erörtert wird, soll dies erläutert werden. Wann darf ein Fundgegenstand behalten und in welchem Fall muss er auf dem Markt ausgerufen werden? Heute würden wir sagen: Wann muss er im städtischen Fundbüro oder auf einer Polizeistation abgegeben werden?[6]

Zunächst werden diejenigen Fundgegenstände aufgezählt, die der Finder behalten darf:

> verstreute Früchte, verstreute Münzen, Weizenbündel auf öffentlichem Grund, runde Kuchen aus gepressten Feigen, Brot des Bäckers, Fischgebinde, Fleischstücke, Schurwolle, die nicht am Ort der Schur liegt, Flachsbündel oder lila Wolle. Dann folgt ein allgemeiner Satz: Was verändert worden ist, darf nicht behalten werden. Und Rabbi Simon ben Elasar fügt noch hinzu: Alle Amphoren darf der Finder behalten.

Das ist fürs Erste äußerst verwirrend. Die Aufzählung wirkt zufällig, es werden weder Kriterien der Diskrimination genannt noch Prinzipien oder

Hierarchien aufgestellt. Erst in der folgenden Diskussion kristallisiert sich allmählich heraus, dass das talmudische Kriterium psychologischer Natur ist: Wenn der Finder von der Annahme ausgehen kann, dass derjenige, der den Gegenstand verloren hat, seinen Besitzanspruch innerlich schon aufgegeben hat, darf er den Fund behalten. Einen Zehneuroschein, den ich in der Straßenbahn finde, darf ich behalten, weil anzunehmen ist, dass der Besitzer keinerlei Hoffnung hat, ihn je wiederzubekommen.

Nun werden unzählige Situationen auf die Frage hin durchgesprochen, ob in genau diesem Falle das Kriterium angewendet werden kann. Diese Frage wird jeweils nicht eindeutig beantwortet, sondern es werden weitere Unterscheidungen getroffen. So wird beispielsweise unterschieden, ob der vorgefundene Gegenstand absichtlich hingelegt wurde oder verstreut erscheint. Sorgfältig aufgetürmte Münzen sind zurückzugeben, weil man nicht annehmen darf, dass der Besitzer seine Hoffnung aufgegeben hat. Auf diese Weise werden immer feinere Unterscheidungen getroffen, und der Gesetzgeber zoomt immer näher an den Einzelfall heran, sodass im Grunde jeder Fall seine eigene Regel hat.

Am Ende kommen die Gelehrten zur Frage, ob Schwemmgut behalten werden darf:

> Jischmael ben Jehozedek [fragt]: Woher weiß man, dass ein verlorener Gegenstand, der vom Fluss weggeschwemmt wurde, [zu behalten] erlaubt ist? Weil geschrieben steht: So sollst du tun mit seinem Esel, mit seinem Kleid und mit allem Verlorenen, das dein Bruder verliert und du findest (5. Mose 22,3).

Auf den ersten Blick eine abwegige Deutung: Erstens ist nirgends von Schwemmgut die Rede, und zweitens zählt die Bibel an dieser Stelle gerade auf, was der Finder zurückzugeben hat, und nicht, was er behalten darf. Doch die Überlegung geht so: Finde ich einen Esel oder ein Kleid, kann ich von der Annahme ausgehen, dass sich der Besitzer in der Nähe aufhält. Deshalb darf der Finder Kleid und Esel nicht behalten. Die Bibel nennt nach der Überzeugung der Talmudgelehrten Beispiele nie zufällig, in unserem Falle sind sie so gewählt, um jene Fundgegenstände auszuschließen, bei denen ich diese Annahme nicht treffen muss, etwa bei Schwemmgut. Es geht der talmudischen Bibelhermeneutik offensichtlich nicht um Textverständnis, auch nicht um die Auslegung der Bibel, sondern darum, die mündliche und schriftliche Tradition zu verknüpfen, oder besser, die mündliche Tradition nach festen hermeneutischen Regeln in der schriftlichen zu verankern.

Paul Feyerabend findet in den Schriften Homers ein ganz ähnlich ungeordnetes und chaotisches Universum vor, das er Aggregatuniversum nennt: »Diese Begebnisse verflechten sich zu einem dichten Netz, in dem es keine Lücken und keine Leerstellen gibt.«[7] Das gilt für den Talmud genauso, allerdings ist der Verzicht auf jegliche Hierarchie für einen juristischen Text noch viel erstaunlicher als für ein Epos. Während man annehmen kann, dass sich zu Homers Zeiten noch kein hierarchisch-metaphysisches Denken herausgebildet hat, gilt das für das 7. Jahrhundert bestimmt nicht. Den Rabbinern ging es offenbar darum, ein offenes, sich immer weiterentwickelndes Rechtsuniversum zu schaffen.

Wer sich über den Talmud kundig macht, wird bald auf die Unterscheidung von Halacha und Aggada stoßen.[8] Diese Unterscheidung deckt sich weitestgehend mit der von Michael Hampe vorgeschlagenen Unterscheidung von Behauptung und Erzählung. Halacha, eine Substantivierung des hebräischen Verbes für *gehen*, ist der Sammelbegriff für die jüdischen Gesetze; Aggada, eine Substantivierung des aramäischen Verbes für *sagen, erzählen,* einer für die Narrationen im Talmud. Doch während die Halacha eine relativ homogene Gattung bildet, tauchen im aggadischen Teil unterschiedliche Arten von Erzählungen auf. Es finden sich lehrreiche Parabeln, Gleichnisse,

Mythen, Sagen – zum Beispiel vom Seeungeheuer Leviathan –, Geschichten von klugen (und weniger klugen) Rabbinern, historische und politische Berichte, erläuternde Beispiele für die Auslegung von Gesetzen, Berichte von Feindschaften und Streitigkeiten, lustige Anekdoten und Sprichwörter. Sie alle haben eine mehr oder weniger gut verständliche moralische, religiöse oder lebenskluge Bedeutung. Geschichten, die keinen Eingang in den Talmud gefunden haben, sind unter dem Namen Midrasch in eigenen Sammlungen veröffentlicht worden, die nur Erzählungen enthalten.

Hier zur Illustration eine meiner Lieblingsgeschichten, in der wir wieder auf Rabban Gamliel stoßen:[9]

> Ein neuer Typus von Ofen kommt auf den Markt. Er wird dem Obersten Gericht mit der Frage zur Prüfung vorgelegt, ob er unter bestimmten Bedingungen rituell unrein werden könne. Rabbi Eliezer ben Hyrkanos ist der Meinung, dass er nicht unrein werden kann, die Mehrheit unter dem Vorsitz von Rabban Gamliel ist anderer Meinung. Den ganzen Tag über waren Eliezers Meinungen abgelehnt worden, und als auch noch seine Ansicht über den Ofen durchfiel, wurde er gereizt. »Wenn ich recht habe«, rief er, »soll es diese Ruine beweisen!« Tatsächlich verschob sich die Ruine

um 100 *ama*, andere sagen um 400 *ama*. Man antworte, ihm: »Eine Ruine ist als Beweis nicht zulässig.« »Wenn ich recht habe, soll es das Wasser beweisen!« Tatsächlich floss das Wasser bergwärts. Sie antworteten ihm: »Wasser ist als Beweis nicht zugelassen.« »Wenn ich recht habe, sollen es die Wände des Bethauses beweisen!« Und die Wände begannen sich zu neigen, worauf Rabbi Jehoschua ihnen entgegenhielt: »Was mischt Ihr Euch ein, wenn Gelehrte das Gesetz diskutieren?« Aus Ehrerbietung gegenüber Rabbi Jehoschua hielten die Wände inne und aus Ehrerbietung gegenüber Rabbi Eliezer kehrten sie nicht an ihren Platz zurück, so stehen sie noch heute geneigt. Darauf begann Rabbi Eliezer von Neuem: »Wenn das Gesetz so ist, wie ich es meine, soll es vom Himmel herab bewiesen werden!« Da erklang eine Stimme und sprach: »Was habt ihr gegen Rabbi Eliezer, wo er doch immer recht hat?« Da stand Rabbi Jehoschua auf und rief: »Es [das Gesetz] ist nicht im Himmel!«
Was bedeutet, es ist nicht im Himmel? [Jetzt befinden wir uns schon in einer späteren Generation, die über die alte Geschichte debattiert.] Da antwortete Rabbi Jirmija: Das Gesetz wurde uns am Berg Sinai gegeben, und es steht, dass wir nach der Mehrheit entscheiden sollen.

Die Debatte geht schier endlos weiter. Wir müssen leider abbrechen, jedenfalls einigen sich die Gelehrten am Ende darauf, dass der Psalm 115,16 die Mehrheit rechtfertigt: »Der Himmel ist der Himmel des Herrn, und die Erde gab er den Menschen.«

In dieser Aggada können wir leicht eine Polemik gegen Fundamentalismus erkennen, der die lächerliche Vorstellung hegt, Gott selbst regle jedes Detail unseres Alltags. Doch nicht alle Erzählungen sind dermaßen eindeutig. So wird zum Beispiel berichtet, dass Rabbi Meir mit seinem ehemaligen Lehrer Elisha ben Abuja einen Sabbatspaziergang unternahm.[10] Als sie so weit promeniert waren, wie es am Sabbat erlaubt ist, kehrte Rabbi Meir um, und Elisha wanderte weiter. Nun muss man wissen, dass Elisha Acher, der Andere, wie er auch genannt wurde, ein Apostat war. Rabbi Meir hätte mit ihm also gar keinen Umgang pflegen dürfen, umso mehr, als er wusste, dass sich Elisha nicht an die Gesetze des Sabbats halten würde. Hier wird kommentarlos erzählt, wie sich der große Gelehrte Rabbi Meir nicht ganz gesetzeskonform verhielt. Jedem Leser oder Hörer ist überlassen, welche Schlüsse er aus dieser Geschichte ziehen will. Ist dem Rabbi erlaubt, was dem gewöhnlichen Menschen nicht erlaubt ist?[11] Oder darf man eine tiefe Beziehung, wie die zwischen Lehrer und Schüler, über das Gesetz stellen?

Soll man auch mal fünfe gerade sein lassen? Oder ist Rabbi Meir bereits von der Ketzerei angesteckt? Dem Leser steht es frei, seine eigene Interpretation zu finden, aber er darf daraus nicht die Erlaubnis ableiten, mit Apostaten Verkehr zu pflegen: Von Aggadoth (Mz. von Aggada) können grundsätzlich keine Gesetze abgeleitet werden.

Für uns zentral sind jene kleinen Texte, in denen das Verhältnis von Gesetz und Erzählung selbst thematisiert wird, wie in unserer Eingangsmischna. Es erscheint merkwürdig genug, eine Gesetzessammlung willkürlich beginnen zu lassen und die Gesetze nicht hierarchisch, nach ihrer Allgemeinheit zu ordnen. Die Sektion über die Gebetsordnung, *Berachot*, sollte doch mit einer Aufzählung beginnen, was es für Gebete gibt, sodann welche obligatorisch und welche fakultativ sind, wie viele Male täglich gebetet werden muss, und erst am Schluss würden wir die Gebetszeiten erwarten. Warum in aller Welt fangen die Gelehrten mit dem scheinbar Unwichtigsten an? Noch befremdlicher wirkt die Geschichte, wie die Söhne von Rabban Gamliel[12] bis zum Morgengrauen gefeiert und deswegen ihre religiösen Pflichten vernachlässigt haben. Weshalb erschien dies den Redaktoren des Talmuds mitteilenswert? Was hat ein solcher Einzelfall in einem Gesetzestext zu suchen? Die einfache Mitteilung, dass Gamliel die Ansicht vertrat, man könne das Gebet nachholen, falls die Morgendämmerung noch nicht eingesetzt hat, hätte doch gereicht.

Stellen wir zunächst fest, was diese Geschichte *nicht* ist: Sie schildert keinen Präzedenzfall, sie illustriert das Gesetz nicht nachträglich, sie stellt keine Ausnahme von der Regel dar (sonst könnte Rabban Gamliel nicht sagen: »jedes Mal, wenn die Weisen ›bis Mitternacht‹ sagten, darf man die Pflicht bis zum Morgengrauen erfüllen«), und sie ist weder erbaulich noch lehrreich.

Wie auch immer, das *irritiert*: Eben noch wurde ein Gesetz verkündet, schon wird es wieder umgestoßen. Schauen wir uns also zunächst an, wie die Lehrer der Gemara diese Geschichte kommentiert haben. Nachdem sie alle möglichen Detailfragen durchgearbeitet haben, kommen sie acht Doppelfolianten später auf die Stelle zurück:

> »Es trug sich zu etc.« Bis jetzt sollen sie die Ansicht von Rabban Gamliel nicht gekannt haben [der immerhin ihr Vater war]? – [Nein, in Wirklichkeit] sprachen sie so zu ihm: Die Weisen haben anders als Du entschieden, und es gilt doch, dass die Mehrheit entscheidet, was Gesetz ist? Oder sind die Weisen vielleicht Deiner Meinung, haben aber Mitternacht gesagt, um die Menschen von der Sünde zu entfernen [d. h., sie haben einen Sicherheitsabstand festgelegt]? So antwortete ihnen Rabban

Gamliel: Die Rabbinen sind meiner Meinung, haben aber ›bis Mitternacht‹ gesagt, um die Menschen von der Sünde zu entfernen.

Die Rabbinen tun hier, was sie meistens tun. Sie spüren einen kleinen Widerspruch auf, um ihn dann sogleich wieder auszubügeln. In unserem Fall taucht ein Widerspruch auf zwischen der Regel, dass die Mehrheit entscheidet, und einem Beispiel, wo ein Einzelner, Rabban Gamliel, eine Mehrheitsmeinung umstößt. Tatsächlich finden sie eine Lösung, die einigermaßen plausibel erscheint: Im Grunde sind sich die Mehrheit und Rabban Gamliel einig, Rabban Gamliel spreche nur den besonderen Fall an, dass jemand das Gebet vergessen habe. Diese Erklärung wäre mehr als nur *einigermaßen* plausibel, wenn da nicht noch ein Satz folgte: »Und nicht nur das, jedes Mal, wenn die Weisen ›bis Mitternacht‹ sagten, darf man die Pflicht bis zum Morgengrauen erfüllen.« Das klingt schon eher nach Trotz.

Tatsächlich scheint Rabban Gamliel einen schwierigen Charakter gehabt zu haben. Im vierten Kapitel desselben Buches wird von einem Schüler berichtet, der Rabbi Jehoschua, den Vorsitzenden des Gerichts, fragte, ob das Abendgebet freiwillig oder obligatorisch sei. »Freiwillig«, antwortete Rabbi Jehoschua, worauf der Schüler, offenbar mit einem Hang zur Intrige, Rabban Gamliel dieselbe

Frage stellte. »Obligatorisch«, antwortete dieser. »Aber Rabbi Jehoschua sagte ›freiwillig‹«, entgegnete der Schüler. Als daraufhin Rabbi Jehoschua den Lehrsaal betrat, zwang ihn Rabban Gamliel, während der ganzen Sitzung zu stehen.

Diese Demütigung des obersten Richters ertrug die Mehrheit der Anwesenden nicht, kurzerhand setzten sie Rabban Gamliel ab und wählten an seiner Stelle den erst 18-jährigen Elasar ben Asaria zum Präsidenten – weil sich kein anderer Kandidat für diesen Schleudersitzjob fand. Rabbi Elasar ben Asaria soll ob dieser Verantwortung über Nacht ergraut sein.[13]

Die Erzählung ginge noch lange weiter, doch wir brechen an dieser Stelle ab. Wieder wird eine lange Geschichte erzählt, bei der man denkt, ein kurzer Satz hätte genügt, um festzuhalten, dass das Abendgebet obligatorisch ist.

Die Weisheit der beiden Geschichten über Rabban Gamliel erschließt sich immer noch nicht: keine Botschaft, kein Rat, sie scheinen nicht zu helfen, das Leben besser zu meistern, und stellen auch nicht, wie christliche Heiligenlegenden, vorbildliches Verhalten dar. Im Gegenteil, sie führen den Führer des jüdischen Volkes als herrschsüchtigen und jähzornigen Zeitgenossen vor. Welchen Sinn kann das haben?

Also nochmals:

> Von wann an liest man das Sch'ma-Gebet an den Abenden? Von der Stunde an, zu welcher die Priester eintreten, um von den Abgaben zu essen, bis zum Ende der ersten Schicht. Das sind die Worte von Rabbi Eliezer. Die Weisen sagen: Bis Mitternacht.

So weit, so gut: Die Mischna gibt den Beschluss der gesetzgebenden Versammlung wieder und erwähnt noch eine abweichende Meinung. Daran ist nichts ungewöhnlich, auch die Urteile des Schweizerischen Bundesgerichts oder des Bundesverfassungsgerichts erwähnen bisweilen Minderheitsmeinungen.

Im Grunde ist jetzt alles gesagt, doch dann wird, eingeleitet durch die Worte »es trug sich zu«, eine Begebenheit erzählt, die nicht nur einen Vater-Sohn-Konflikt beziehungsweise einen Vater-Söhne-Konflikt vermuten lässt, sondern auch einen Konflikt zwischen der gesetzgebenden Versammlung und Rabban Gamliel. Mit wenigen Strichen wird das Bild eines Vaters gezeichnet, der voller Sorge wach bleibt, bis seine Söhne nach Hause kommen, und der sie seinen Ärger auch spüren lässt. Sein Zorn auf die Söhne mischt sich mit dem Zorn auf seine Kollegen, die gegen ihn entschieden haben und ihn in den Augen seiner Söhne als Verlierer dastehen lassen.

Wozu wird diese Geschichte angefügt, nachdem eigentlich schon alles gesagt und das Gesetz festgelegt wurde? Und inwiefern ist diese Geschichte weise?

Von der Weisheit erwarten wir, dass sie Einsichten erzeugt, im Unterschied zum Gesetz, das vorschreibt, wie man handeln *muss*. Das Gesetz kann weise sein, wenn seine Vorschrift das Leben gut regelt. Durch ein Beispiel wird dagegen gezeigt, wie sich das Leben unter dem Gesetz besser meistern oder zumindest besser ertragen lässt. Das weise Gesetz schreibt das Richtige vor, die Erzählung weiß Rat, wie mit dieser Vorschrift konkret umzugehen ist in den unendlichen Wechselfällen des Lebens. Doch von dieser Art ist die Weisheit unserer Erzählung offensichtlich nicht. Ihre Weisheit liegt nicht im *Inhalt*, sondern in ihrer *Funktion* innerhalb des ganzen Textes.

An der Geschichte irritiert, dass sie die Debatte, die eigentlich schon entschieden war, nochmals aufrollt, und zwar durch eine unerhörte Begebenheit: Der große Rabban Gamliel gibt seinen Söhnen wissentlich die falsche Auskunft, dass das Gebet bis zum Morgengrauen gesprochen werden kann. Die Erzählung widerspricht unverblümt dem Gesetz, sie streicht gleichsam durch, was beschlossen wurde.

Bestimmt sind eingestreute Geschichten wie diese auch ein Versuch, die ursprüngliche Doppelung des jüdischen Gesetzes in schriftliche und mündliche Überlieferung auch nach der Verschriftlichung irgendwie wiederzugeben. Doch das allein genügt als Erklärung nicht. Der Talmud, so chaotisch und verwirrend er auf den ersten Blick erscheinen mag, ist tatsächlich sorgfältig komponiert. Alles, was berichtet wird, wird aus gutem Grund berichtet. Um aber die Konstruktion oder wenn Sie so wollen: die Weisheit des Talmuds zu verstehen, muss man den Text wie ein Computerprogramm oder wie eine Partitur lesen. Man muss nicht nach einem verborgenen Sinn hinter den Worten suchen, sondern nach der Funktion der einzelnen Elemente und ihrer Beziehung zueinander fragen.

Offenbar war es den Redaktoren der Gemara daran gelegen, die Leser mit dem schwierigen und kontroversen Charakter Rabban Gamliels bekannt zu machen und auch von seinen häuslichen Schwierigkeiten zu berichten. Dazu muss man wissen, dass Rabban Gamliel (ca. 9–50 n. Chr.) einer der bedeutendsten Gelehrten und Politiker seiner Zeit war. Von Javneh aus, wohin sich die Elite nach der Zerstörung des Tempels zurückgezogen hatte, versuchte er, das jüdische Volk durch schwierige Zeiten zu lotsen. Er war denn auch Leiter der Delegation, die in Rom mit dem Kaiser verhandelte.

Durch die Erzählung über Rabban Gamliel wird das Gesetz also in eine historische Perspektive gerückt. Wir haben gelernt, dass die mündlichen Gesetze am Berg Sinai dem jüdischen Volk vom Allmächtigen übergeben worden sind und deshalb absolute Geltung haben. Sie sind als göttliche Gesetze nicht aus einer bestimmten Perspektive und nicht in einem bestimmten historischen Kontext entstanden. Aber sie sind *auch*, sagen uns diese Erzählungen, in schwierigen politischen Umständen, von schwierigen Menschen in konflikthaften Situationen erlassen worden. Gerade weil die Geschichte von Rabban Gamliel das Gesetz nicht illustriert, sondern konterkariert, wird die Mischna gleichsam verdoppelt: Das Gesetz ist sowohl ewig als auch historisch, es ist eindeutig *und* steht zu anderen Gesetzen in Widerspruch, es ist absolut *und* aus einer bestimmten Perspektive verfasst. Durch die Erzählung wird das Gesetz, wie der Eros in Platons *Symposion*, Kind zweier Eltern: zum einen der Göttlichen Offenbarung, zum anderen idiosynkratischer Umstände, politischer und familiärer Konflikte und psychologischer Unzulänglichkeiten.

An der Geltung der Gesetze ändert das erst mal nichts, aber durch die Kontextualisierung kann sich der Leser zum Gesetz in ein Verhältnis setzen. Der göttlichen Offenbarung kann man sich nur unterwerfen. Die Erzählung öffnet die Spielräume wieder, die das Gesetz *geschlossen* hat. Tatsächlich lebt die innere Dynamik des Talmuds von diesem Rhythmus der Öffnung und Schließung. Wir haben gesehen, wie brillant die Gelehrten späterer Generationen den Widerspruch, den die Erzählung von Rabban Gamliel erzeugte, aufgelöst haben. Aber Sie können versichert sein, dass auch diese Lösung neue Widersprüche generieren wird.

Damit ist die Anfangsfrage noch nicht geklärt, weshalb das wichtigste Gesetzeswerk der jüdischen Tradition mit einem vollkommen banalen und marginalen Problem beginnt. Das ist kein Einzelfall, auch das Traktat über die Regeln zur Einhaltung des Sabbats beginnt recht eigenartig:

> Ausgänge des Sabbats, zwei, die vier sind drinnen, und zwei, die vier sind draußen. Wie das? Der Arme stand draußen, der Hausherr drinnen: Der Arme streckte seine Hand nach innen aus und gab [etwas] in die Hand des Hausherrn oder nahm etwas [aus ihr] und zog sie heraus – der Arme ist schuldig, der Hausherr unschuldig.
>
> Streckte der Hausherr seine Hand nach draußen und gab etwas in die Hand des Armen, oder nahm etwas aus ihr und zog sie herein – der Hausherr ist schuldig, der Arme unschuldig.
>
> Streckte der Arme seine Hand nach innen und der Hausherr entnahm ihr etwas, oder er legte etwas in die Hand, und dieser zog sie zurück.

> Beide sind unschuldig. Streckte der Hausherr seine Hand nach draußen, der Arme entnahm ihr etwas und dieser [der Hausherr] zog sie zurück, oder er legte etwas in die Hand und dieser [der Arme] zog sie zurück. Beide sind unschuldig.[14]

Der Text ist für Uneingeweihte unzugänglich, doch das darin verhandelte Problem ist folgendes: Am Sabbat ist es verboten, einen Gegenstand über die Grenze eines privaten Grundstücks zu tragen. Wenn der Arme nun auf öffentlichem, der Hausherr, der ihm Almosen geben will, auf privatem Grund steht, übertritt nur derjenige das Gesetz, der die Handlung des Tragens *vollständig* ausführt. Der Hausherr muss also die Hand mit dem Geld über die Grenze strecken *und* das Geld dann in die Hand des Bettlers legen, um sich schuldig zu machen. Öffnet er nur die Handfläche, aus welcher der Bettler die Münze herausklaubt, haben beide den Sabbat nicht entheiligt.

Das ist pure Spitzfindigkeit, wird man sagen, mit Weisheit hat das nichts zu tun. Natürlich wird man derlei nur hinter vorgehaltener Hand äußern, um nicht in Antisemitismusverdacht zu geraten, denn der Vorwurf der Spitzfindigkeit war Grund für die zahlreichen von den christlichen Obrigkeiten angeordneten Talmudverbrennungen. An ihm scheint im Gegensatz zum

Vorwurf, das Trinken von Christenblut oder die Hostienschändung zu befehlen, etwas dran zu sein. Es werden tatsächlich keine quintessenziellen Lehren des guten Lebens gegeben, sondern nur in einer uns heute merkwürdig anmutenden Detailbesessenheit Auslegungsmöglichkeiten und Widersprüche diskutiert, die denjenigen, die feierlich vorgetragene Allgemeinheiten für Weisheiten halten, als Anti-Weisheiten erscheinen müssen. Der Talmud ist auf den ersten Blick eine Textsammlung für streitsüchtige Pedanten, die hier eher ihre Zwangsneurosen ausleben als Erbauung finden können.

Doch die Weisheit des Talmuds hat eben nichts mit tieferen Bedeutungen oder höherem Sinn zu tun. Von Entschleunigung, von Achtsamkeit oder von Rückbesinnung auf Werte – Themen, die man von einem heutigen Text über den Sabbat erwarten würde – ist hier nicht die Rede. Dahinter steckt eine Absicht, die durchaus weise zu nennen ist. Mit allen Mitteln soll eine zweite Ebene, eine Ebene des Sinns oder der Bedeutung *hinter* oder über den aktuellen Gesetzen vermieden werden. An einer beliebigen Stelle zu beginnen, ist nichts anderes als eine »Sinnvermeidungsstrategie«. Durch die Verknüpfung von Gesetz und Erzählungen, durch die Abfolge von Schließung und Öffnung, von Erzeugung und Auflösung von Widersprüchen wird ein Netz geknüpft, und es entsteht allmählich etwas, das einem Bild, einem Gobelin gleicht. Von jedem Punkt kann man, über einige Zwischenschritte, zu jedem beliebigen anderen Punkt gelangen – eine Art des Denkens, die ich nicht besser beschreiben kann als Gilles Deleuze:

> »[Der Talmud] und wir«: diese Formel kann vieles meinen, unter anderem auch »wir inmitten [des Talmuds]«. Im Allgemeinen fängt man an mit einem ersten Prinzip […]. Der Immanenz- oder Konsistenzplan [des Talmuds] ist aber kein Plan im Sinn eines Entwurfs im Geist, kein Projekt, Programm, sondern ein Plan im geometrischen Sinn, Schnitt, Überschneidung, Diagramm. Inmitten [des Talmuds] zu sein, heißt dann, an diesem Plan zu arbeiten, beziehungsweise, sich auf diesem Plan anzusiedeln, was eine Lebensweise, eine Art zu leben, impliziert.[15]

Ich hoffe, meine Ersetzung von *Spinoza* durch *Talmud* funktioniert. Immerhin kannte Baruch de Spinoza den Talmud recht gut. Versuchen Sie also nicht, zu verstehen, was der Talmud *eigentlich* bedeutet, sondern ihn als Lebensweise zu begreifen, als eine Art, in der Irritation zu leben.[16]

Erster Epilog:

In der Berggasse 19, im 9. Bezirk Wiens, sitzt etwa 1850 Jahre nach Rabban Gamliel Sigmund Freud am Schreibtisch und arbeitet im Lichte einer der ersten elektrischen Glühbirnen an einem seiner wichtigsten Texte. Das berühmte 7. Kapitel der *Traumdeutung* soll den Grundstein zu einer allgemeinen Theorie des Unbewussten legen. Ausgangspunkt sind drei Erkenntnisse, die Freud aus dem Studium vornehmlich eigener Träume gewonnen hat: Erstens kann das Unbewusste nichts anderes als *wünschen*. Zweitens kann ein Wunsch die innere Zensur niemals unentstellt passieren, weil Wünsche immer *sexueller* Natur sind. Drittens sind unbewusste Wünsche, und damit auch Träume, immer Legierungen aus Reminiszenzen der *Kindheit* und aus *aktuellen* Wünschen.

Freud stellt nun diesem 7. Kapitel einen paradigmatischen Traum voran:

> Die Vorbedingungen dieses vorbildlichen Traumes sind folgende: Ein Vater hat Tage und Nächte lang am Krankenbette seines Kindes gewacht. Nachdem das Kind gestorben, begibt er sich in einem Nebenzimmer zur Ruhe, läßt aber die Tür geöffnet, um aus seinem Schlafraume in jenen zu blicken, worin die Leiche des Kindes aufgebahrt liegt, von großen Kerzen umstellt.

> Ein alter Mann ist zur Wache bestellt worden und sitzt neben der Leiche, Gebete murmelnd. Nach einigen Stunden Schlafes träumt der Vater, *daß das Kind an seinem Bette steht, ihn am Arme faßt und ihm vorwurfsvoll zuraunt: Vater, siehst du denn nicht, daß ich verbrenne?* Er erwacht, merkt einen hellen Lichtschein, der aus dem Leichenzimmer kommt, eilt hin, findet den greisen Wächter eingeschlummert, die Hüllen und einen Arm der teuren Leiche verbrannt durch eine Kerze, die brennend auf sie gefallen war.[17]

Nichts, was Freud vorher auf knapp 500 Seiten als die wesentlichen Elemente eines Traumes herausgearbeitet hatte, lässt sich mit diesem als vorbildlich bezeichneten Traum veranschaulichen. Kein Wunsch, keine Reminiszenz aus der Kindheit, keine Entstellung und nichts Sexuelles fließen in die Traumbildung ein. Wenn Freud später im Kapitel eine Deutung nachreichen würde, die seiner Theorie entspräche, könnte man das als dramaturgisches Mittel verstehen, so aber bleibt nur eine merkwürdige Irritation über einen Traum, der sich als Beispiel für die psychoanalytische Theorie des Traumes überhaupt nicht eignet.

Zweiter Epilog:

Etwa 120 Jahre nach und 720 Kilometer östlich von Freuds Wien: In Zürich klagt ein Analysand, er fühle sich in einem Raum, den er nicht abgeschlossen hat, nicht wirklich sicher. Wenn er sein Büro manchmal mit dem Schlüssel versperrt, sei dies befremdlich, schießlich müsse er seinen Ruf wahren.

Der Psychoanalytiker erzählt ihm daraufhin folgende Begebenheit: Vor vielen Jahren reiste er drei Monate mit den Tuareg durch die Sahara. Dabei konnte er ihre Begrüßungsrituale beobachten: Trifft ein Targi auf einen Stammesgenossen, bleiben beide in einer Distanz von etwa zwanzig Metern stehen und rufen sich Fragen zu wie: Wie geht es Dir? Hast Du gut geschlafen? Hattest Du schöne Träume? Es sind immer dieselben Fragen. Erst, wenn sie dann aufeinander zugehen, wird dem Außenstehenden ersichtlich, ob der Wüstenbewohner gerade seinen Bruder, seinen Freund oder einen völlig Fremden getroffen hat.

Was der Analytiker nicht gesagt hat: Ihre Unsicherheit hängt mit dem Verhalten Ihrer Mutter zusammen, die ständig überfallartig und ohne anzuklopfen in Ihr Zimmer eingedrungen ist und Sie mit Vorwürfen eingedeckt hat.

Das wäre viel klarer und eindeutiger gewesen. Warum also die Geschichte?

* * *

Lieber Anton,

klar, Antisemitismus kann man überall wittern. Ich hätte den Witz auch nicht mit einem Juden und einem Goy, sondern mit einem Tibeter und einem Chinesen erzählen können. Denn Hand aufs Herz: Geld aus dem Bedürfnis nach Weisheit zu schlagen ist eine verbreitete Masche, oder? Diese Bücher: *Epiktet für Manager*, *Werde unverletzlich – Stoa für jedermann* oder *Kungfuze für Lehrer* etc., die kennst Du doch auch. Und dann diese ganzen Kurse zur Bewusstseinserweiterung und Achtsamkeit, bei denen man einige Hundert für ein Wochenende abdrücken muss – was ist das anderes als ein Trick, den Leuten das Geld aus der Tasche zu ziehen? Wen machen Bücher mit dem Titel *In einem Jahr in die finanzielle Unabhängigkeit!* reich und finanziell unabhängig? Genau, den Autor des Buches mit diesem Titel – immerhin einer. Wen machen Bücher mit dem Titel *Wege zu Weisheit* weise? Niemanden, aber wenn es nach Wunsch geht, verbessern sie den Kontostand des Autors.

Aber der Text von Strassberg ist nicht ganz dumm, das muss ich zugeben. Ich sehe noch nicht, dass er mich umstimmen könnte, aber ich werde weiter darüber nachdenken. Auch sollte ich vielleicht mal wieder Freuds *Traumdeutung* lesen. Ich schlafe seit einiger Zeit nicht gut, habe oft Albträume. Ob das etwas mit Dir zu tun hat?!

Mit liebem Gruß
Gideon

* * *

(Zwei Wochen später.)

Liebe Anna-Lena,

sag mal, hast Du jetzt wieder Kontakt mit Phil aufgenommen?! War das wirklich nötig? Ich mein ja nur so. Nicht dass es mich wirklich etwas angeht. Du bist ja ein großes Mädchen und weißt, was Du tust. Es war Karen, die mir von Eurem »Gig« erzählt hat; sie hat neulich mit ihm telefoniert. Du weißt schon, die Karen aus Passau, die seit einem Jahr in der deutschen Botschaft in Washington, Rechts- und Konsularwesen arbeitet (richtig schnieke!), nur dass sie sich dort zu Tode langweilt und überhaupt ... Also – warum jetzt wieder Phil!?! Du hattest mir doch erst neulich lang und breit erklärt, dass er in Deinem Leben nie mehr eine Rolle spielen würde.

(Der Kettenbrief zieht munter seine Runden, ich habe ihn sogar schon unbekannterweise bei Facebook bekommen!)

Grüße
Marlene

* * *

(Kurz darauf.)

Liebe Marlene,

also es reicht jetzt wirklich! Nicht nur dass Du in Deiner vorletzten E-Mail den Anschein erweckt hast, Du wärest nicht in unserer Zen-Gruppe gewesen. In Wahrheit warst Du natürlich von Anfang an dabei, in dem Studio in der Adalbertstraße, das unser Meister damals gerade eröffnet hatte. Mindestens viermal, wenn mich meine Erinnerung nicht täuscht, wahrscheinlich sogar viel häufiger. Mitgegangen, mitgefangen, mitgehangen, sag ich da nur: So ist das im Leben! (Meine Erinnerungsmaschine teilt mir auch noch mit, dass Du Dich damals ziemlich gelangweilt haben musst, denn Du hast Dich dauernd an mich und meine Clique gehängt!)

Ich bin mir übrigens ziemlich sicher, dass der Meister uns alle tief verändert hat! Ohne ihn wären wir ganz anders aufgestellt im Leben, wenigstens kann ich das über mich sagen: Wann immer ich ins Rödeln komme, brauche ich mich nur an seine »drei Techniken« zu erinnern (Innehalten, Gegenwärtigkeit, Selbsterinnern), und dann kann mein System im Handumdrehen die Fremdenergien, die immer an mich andocken wollen, wieder herausfiltern. Und danach fühle ich mich wie Aschenputtel und lächle über mich selbst. (Hat er es vielleicht so gewollt?!) Ich kann mir echt nicht vorstellen, was ohne ihn aus uns geworden wäre!

Und jetzt maßt Du Dir ein Urteil über mich und Phil an! Funktioniert Deine Hand mal wieder schneller als Dein Gehirn!? Ich habe auf jeden Fall die Nase voll.

Freundliche Grüße
Anna-Lena

* * *

(Einen Tag später.)

Liebe Freunde,

dies ist eine Einladung zu einem Kettenbrief der Weisheit. Das mag Euch als eine komische Vorstellung erscheinen. Doch so wie der klassische Kettenbrief als eine Veranstaltung gedacht war, bei der sich am Ende vielleicht Reichtümer über einen ergießen, ist dieser Brief als ein Mittel gedacht, die Weisheit unter den Menschen zu vermehren. Vielleicht erreichen Euch also bald alle möglichen Weisheiten, die Euer Leben erleuchten. Hier kommt meine Nachricht, bitte fügt einen kleinen Weisheitstext hinzu und schickt das

Ganze zurück an den Absender und drei weitere Personen:

[…]

Tom Waits twittert (?!): »Wenn Sie Ihr Glück verloren haben und all Ihre Träume verloren haben, gibt es nichts Schöneres als ein Lagerfeuer und eine Dose Bohnen.«

Goethe schreibt: »Wissenschaften entfernen sich im ganzen immer vom Leben und kehren nur durch einen Umweg wieder dahin zurück.«

Cicero behauptet: »Allein besitzen zu wollen, ist äußerster Wahnsinn.«

Konfuzius sagt: »Der Mund des Menschen ist oft gefährlicher als der Rachen eines Tigers.«

PS: Ich würde mich nie als weise bezeichnen, ich habe auch nicht das Gefühl, dass irgendjemand durch das Lesen dieser Zeilen weiser würde. Doch das ist ja auch eigentlich ganz egal. Es ist eine schöne Vorstellung, dass der Kettenbrief der Weisheitsfreunde in den nächsten Wochen weiter seine Bahn um die Erde ziehen wird. Vielleicht wird er, wenn genügend Menschen mitmachen, sogar einmal ins Fernsehen kommen. Aber wahrscheinlich erlebe ich das nicht mehr (immerhin bin ich sechsundsiebzig!). Als ich jung war, hat die Nonne in der Hauswirtschaftsschule in Chur immer von ihrer neunzigjährigen Äbtissin erzählt, die mit ihrem reinen Herzen so weise gewesen sei und in einfachen Sätzen so gut zu erzählen gewusst habe von der Schönheit der Natur und den Freuden des Alters. Nur habe ich ihr das nie abgenommen (das Alter ist wahrlich kein Spaß!). Eigentlich lese ich ja auch gar keine E-Mails. Und der obige Tom-Waits-Spruch stammt von meiner Enkelin Lara, die mir auch geholfen hat, diese E-Mail zu schreiben. Dankeschön für die wunderbare Idee!

* * *

(Im September.)

Lieber Timothy,

turbulente Zeiten, was!?! Hast Du endlich das Ersatzteil für Dein Motorrad bekommen? Meine Sekretärin hat es vor gut einem Monat abgeschickt.

Ich würde Dich echt gern mal besuchen.

Und wie geht's Deiner Surfschule?

Im Sommer ist bei mir einiges passiert: Ich habe eine neue Firma gegründet (im Daten-Business); außerdem ist Doris ausgezogen, und Mara und Charlotte leben jetzt mit ihrer Mutter in Long

Beach. Es hat einen großen Krach gegeben, mit viel zerbrochenem Geschirr (sogar die Polizei musste kommen). Seither sind wir uns einig, dass uns nur noch der Scheidungsanwalt helfen kann. Bloß ist so einer in meinem geliebten Amerika gar nicht billig!

Wie das möglich war, wirst Du mich fragen. Klar doch, Anna-Lena war ein Grund – aber nicht der einzige. Ich kann mir ungefähr ausmalen, was Du Dir jetzt denkst. Ausgewachsene Midlife-Crisis, und was für eine! Lustigerweise bin ich fast ein wenig stolz auf mich. Das Leben ist kurz, Du weißt schon. Auf jeden Fall will ich Dich bald mal in Thailand besuchen!

Ich häng Dir auch noch einen Kettenbrief an, den ich neulich bekommen habe. Irgendwie fasziniert mich das Thema (wenn Du ihn schon kennst, ignorier ihn einfach). So ein Kettenbrief funktioniert ja wie ein neuronales Netz – aber wahrscheinlich könntest Du mir das jetzt mithilfe von Deleuze (Rhizom) und Latour (Akteur-Netzwerk) noch besser erklären – oder würdest Du mir gleich das neuste Buch von Peter Sloterdijk oder Ken Wilber empfehlen?! Haha ... Mit einem Tiger-Beer in der Hand und einer Packung Pringles-Chips, dazu den Blick aufs Meer, hübsche Mädchen, usw.

In Freundschaft,

Dein
Phil

* * *

(Zwei Stunden später.)

Hi Phil,

vielen Dank für Deine wunderbaren Zeilen! Ich lebe nicht in Thailand, sondern auf der Insel TAIWAN!! Merk Dir das endlich mal! Trotzdem, hab mich riesig gefreut, von Dir zu hören!

In der Surfschule läuft alles super! Lebe & gedeihe prächtig. $$$ Bastele nebenbei auch weiter an der Open-source-Sache für Scuba Diver, von der ich Dir schon mal erzählt habe.

Ein Kettenbrief, aha! Bist Du sicher, dass das keine Schadsoftware ist?! Ich mein ja nur. Es geht also um WEISHEIT – was für ein großes, warmherziges Wort! Dazu müsste ich doch einiges zu sagen haben, als alter Aussteiger & »crazy Drogenschamane«.

Ich meditiere mal drüber.

LG von meinem Privatstrand (tippe hier mit einem Finger auf meinem neuen iPhone – sorry für das Stakkato!)

Timothy

PS: Das Ersatzteil ist noch nicht da.

* * *

Liebe Marlene,

also gut, ich nehme Deine Entschuldigung an! Wir sind ja doch aus einem Holz geschnitzt.

Und es freut mich, dass Du jetzt endlich zugibst, wie sehr Dich unser Zenmeister Mischa geprägt hat. Du schreibst, Du könntest Dir nicht vorstellen, was aus der 24-jährigen Frau geworden wäre, wenn sie an jenem besagten Tag im Jahr 2005 nicht das berühmte Meditationsstudio betreten hätte. Mir geht's genauso! Wir verdanken ihm so viel. Ehrlich gesagt habe ich oft das Gefühl, dass ein Teil von mir seither um einen riesigen Wollknäuel kreist und auf den richtigen Impuls wartet, um den Anfang des Fadens herauszufischen und wieder mit ihm in Kontakt zu treten. Aber dann ist er ja aus unserem Leben verschwunden. Die Meditationsschule in der Adalbertstraße gibt's nicht mehr (ich habe neulich extra noch mal

nachgeschaut). Auch unsere Gruppe hat sich verlaufen; jeder macht eben so sein Ding. Gewissen Gerüchten zufolge soll Mischa vor ein paar Jahren in Südspanien abgetaucht sein. Aber warum Südspanien?! Und weshalb sollte er »abtauchen«? Ich glaube davon kein Wort.
Deine Anna-Lena

* * *

(Vier Tage später.)

Hallo Phil,

das Ersatzteil ist endlich angekommen. Liegt gut in der Hand, schmiegt sich an, ganz wunderbar. Ich baue es morgen gleich ein, dann geht's hier wieder um die Insel. Auf jeden Fall: besten Dank!

Beim Thema Motorrad muss ich immer daran denken, dass ich ja eigentlich nie eine Surfschule aufmachen wollte. Ich hatte immer die Idee, in einem Tempel zu leben, irgendwo oben in den Bergen, um endlich ruhig meine Software zu schreiben (nur bitte kein Algol mehr!), Taichi zu machen & mit dem Motorrad ins Gebirge zu fahren, wo es immer ein Tal mit einem Bach gibt, in dem man baden kann. Dazu 'ne Gefühlsorgel wie bei Philip K. Dick, & ich ewig Suchender wäre im Paradies. Endlich die eigene Strukturgebundenheit mit der ganzen Welt erschauen, mit jeder Zelle resonanzfähig sein. Usw. usw.

Vielleicht hätte ich auch einfach die Koi-Fischzucht anfangen sollen, von der ich Dir damals immer vorgeschwärmt habe!

Dummerweise muss ich wegen meiner Surfschule jetzt dauernd mit Menschen sprechen, das ermüdet mich schnell. Bin nur noch am Organisieren & finde deshalb keine Zeit mehr für mein Taichi. Dafür habe ich jetzt endlich ein paar Sätze Chinesisch gelernt. So langsam komme ich hier also auf einen grünen Zweig …

Neulich hatte ich einen Surfer, einen Deutschen aus Heidelberg, der musste mir erst mal sein Leben erzählen. Bei so einem werde ich immer ganz nervös. Aber dann hat er mir einen Text von seinem Taichilehrer gegeben, wir haben ein paar Minuten gequatscht & plötzlich war es meganett. Seinen Text schicke ich Dir jetzt mal. Vielleicht trägt er ja etwas zu Euren Weisheitsdiskussionen bei.

Dein
Tim

(Habe mal irgendwo gelesen, dass man Taichi sogar mit einem Schilfhalm üben kann, man muss nur langsam dessen geringen Widerstand erspüren lernen. So geht es mir oft mit den Wellen. Jede ist anders, jede ist ganz neu, & wenn man endlich aufgehört hat, sofort alles konsumieren zu wollen, wird einen der Widerstand der Welle sehr weit tragen. Vielleicht bin ich deshalb Surflehrer geworden: um mein Leben auf einfache Weise zu verkomplizieren. Das hört sich jetzt paradox an, aber andere Menschen betrinken sich aus demselben Grund jeden Abend, ritzen sich die Arme auf, heiraten die falsche Partnerin …)

* * *

Lieber Timothy,

sorry, ich meinte ja Taiwan … Schön zu hören, dass es Dir gut geht. Und das Ersatzteil ist also auch endlich in Asien angekommen. Lauter gute Nachrichten!

Bei mir sieht es finster aus. Doris droht mir jetzt mit der Vernichtung meiner beruflichen Existenz. Sie behauptet, dass sie einen Stapel belastender Unterlagen von mir besitzt (Steuererklärungen, Notizbücher, ein uraltes Nokia-Handy), damit will sie mich jetzt erpressen. Aber ich lasse mich nicht erpressen! Wenn es hart auf hart kommt, muss ich eben zu Dir auswandern. Ich kaufe mir ein Motorrad, und wir kümmern uns zu zweit um Dein Koi-Karpfen-Projekt!

Was Du da über die Weisheit schreibst, ist mir aber etwas zu hoch. »Eine Mütze Schlaf und die Welt sieht schon ganz anders aus«, sage ich immer zu meinen Töchtern.

Den Anhang mit dem Text des Heidelbergers habe ich übrigens nicht bekommen. Schick ihn bitte noch mal!

Dein
Phil

* * *

(Kurz darauf.)

Lieber Phil,

hier also noch mal der Text von dem Taichilehrer. Sag mir auf jeden Fall, was Du davon hältst!

Schnelle Grüße von
Timothy

* * *

Christian Unverzagt

Taichi. Ein Übungsweg

Seit nunmehr 33 Jahren beginnt mein Tag mit dem Üben von Taichi. Ich laufe verschiedene Formen, darunter eine lange und eine kurze Soloform, die jeweiligen Parts choreografierter Partnerübungen, eine Schwert- und eine Stockform, dazu kommen kleinere Übungen, die man heute dem Qigong zurechnet.

Eine »Form laufen«, so nennen wir den Durchgang durch eine festgelegte Sequenz von Figuren, die teils poetische, teils prosaische Namen tragen. Unter ihnen sind »Der weiße Kranich breitet seine Schwingen aus«, »Den Tiger umarmen und zum Berg zurückkehren«, »Wolkenhände«, »Das Jademädchen schießt das Weberschiffchen hin und her«; aber auch »Drücken«, »Hände heben« oder »Schulterstoß«. Die Bewegungen werden langsam und fließend ausgeführt, sie wirken harmonisch und harmonisierend, entspannt und entspannend, der Körper ist durchlässig für den Energiefluss, der Atem ruhig. Taichi lässt sich drinnen und draußen üben. Manchmal, wenn ich an einem schönen, ungestörten Ort bin, laufe ich dort Formen; wobei mir ist, als schriebe ich sie unsichtbar in den Ort ein, oder auch ihn in mich. Oft übe ich noch abends vor dem Schlafengehen. Während eines Workshops füllen sich ganze Tage mit Taichi aus. Aber ich habe kein Pflichtpensum, und es gilt auch nicht unbedingt »je mehr, desto besser«. Zum Üben hinzu kommt der Unterricht, den ich seit 25 Jahren gebe, wie mein Lehrer, Meister Ke, es mir aufgetragen hat. Durch seinen Lehrer steht man in einer Überlieferungslinie. Wenn er einen dazu für befähigt hält, ist man verpflichtet, das Erlernte weiterzugeben. Das Üben hört damit keineswegs auf, im Gegenteil. Fünf Jahre, nachdem ich in Deutschland mit Taichi begonnen und mich sowohl in China als auch in auslandschinesischen Gemeinden in Südostasien umgeschaut hatte, begegnete ich in Taiwan Meister Ke. Ich blieb für über zwei Jahre, um täglich von ihm zu lernen. Neben der Verfeinerung des bereits Erlernten kamen noch ein paar Formen dazu. Vor allem aber bekam ich eine deutliche Vorstellung davon, *wie* ich weiter würde üben können. Denn das, was ich bei ihm mit seiner damals über 50-jährigen Übungspraxis spüren konnte, war weit jenseits meines Vermögens. Meister Ke wirkte stets völlig entspannt. Wenn sich seine Kraft in spielerischen Partnerübungen zeigte, spürte man, dass sie sanft und bis zur Ungreifbarkeit nachgiebig, elastisch und unwiderstehlich war. Durch Üben versuche ich mich dem weiter anzunähern.

Ich habe »mein Taichi« überall mit hingenommen. Nicht nur zu Hause, sondern wo immer ich unterwegs war, habe ich den Tag mit Taichi begonnen, im Urlaub und auf Wanderschaft. Taichi hat aber auch mich mitgenommen, auf eine lange Reise. Da sind zum einen die Orte, die ich seinetwegen aufgesucht habe; Orte, an denen Taichi-Treffen stattfanden, in Deutschland oder in anderen Ländern Europas. Ich war in China in Dörfern, aus denen große Meister kamen, und ich bin, solange mein Lehrer lebte, immer wieder nach Taiwan gereist, um ihn zu besuchen. Nach seinem Ableben habe ich dort andere Meister, die einst Mitschüler von ihm waren, und andere Taichi-Gruppen aufgesucht. Doch noch über diese Übungsorte hinaus hat Taichi mich auf einen Weg durchs Leben mitgenommen. Innerhalb weniger Monate hatte sich mein durch einen Kreuzbandriss und einen Meniskusschaden lädiertes Knie stabilisiert. Von Anfang an fühlte ich mich geschmeidiger, hatte auch bei schwerer körperlicher Arbeit eigentlich keinen Muskelkater mehr, saß am Schreibtisch ruhiger, spürte im Alltag eine bessere Bewegungsökonomie und eine gesteigerte Achtsamkeit. Aber es hat mich auch vor Fragen gestellt, wenn ich mich als unausgeglichen oder in Konflikten als aufbrausend erlebte.

Ich bin den Weg des Taichi kontinuierlich gegangen, doch er war nicht immer geradlinig. Es gab Ab-, Irr- oder Umwege. Ob ich manchmal nicht zielstrebig genug war? Von außen hätte es vielleicht so wirken können. Für mich stellt es sich eher umgekehrt dar: Manchmal war ich zu ehrgeizig, wollte zu schnell voran, wollte etwas erzwingen. Dann hieß es *yi tui wei jin*, also »einen Schritt zurück, um voranzukommen«. Der Satz taucht im Taichi immer wieder auf. Ganz wörtlich zu nehmen ist er bei festgelegten Partnerübungen mit Schritten, aber er gilt auch im übertragenen Sinne, wenn man einer Fehlorientierung gewahr wird. Und dann, rückblickend, ist da eine Ahnung, dass es in Wirklichkeit vielleicht gar keine Umwege gibt. Weil für jeden von uns nur dieser eine Weg durchs Leben besteht. Diese Ahnung mag eine Gratwanderung sein, die vom Sturz in die Beliebigkeit bedroht ist. Doch manchmal führt nur ein gewundener Weg zu dem, was der daoistische Philosoph Zhuangzi im 3. oder 4. Jahrhundert v. Chr. den Nutzen des Nutzlosen nannte. Taichi kann einen vor zu viel Geradlinigkeit und dem Nützlichkeitswahn unserer Zeit bewahren – vorausgesetzt, es wird nicht als laue Wohlfühlveranstaltung betrieben, für deren wöchentlich wiederkehrenden Termin sich eine Tür öffnet und wieder schließt. Es ist ein Übungsweg, bei dem es letztlich um den Einsatz der ganzen Person geht.

Was übt man überhaupt, wenn man Taichi übt? Allein die Figuren zu imitieren, macht noch kein Taichi aus den Bewegungen. Es muss dabei etwas geschehen. Was das ist, deutet der Name an, wenn seine umgangssprachliche Verkürzung auf seine eigentliche Bedeutung hin gelesen wird. »Taichi« ist ursprünglich die vereinfachte Schreibweise der alten Wade-Giles-Umschrift *T'ai-chi* (in der heute gängigeren Pinyin-Umschrift *Taiji*) und bedeutet »das Allerhöchste«. Dahinter verbirgt sich ein philosophischer Gedanke bzw. ein kosmologisches Konzept – das man durchdenken, aber nicht üben oder betreiben kann. Wenn wir von »Taichi« reden, ist damit eigentlich *Taijiquan* (oder: *T'ai-chi ch'üan*) gemeint, die »Kampfkunst des Allerhöchsten«.[1] Diese kann man üben, und nur durch Üben kann man sie meistern. Auch wenn den meisten Übenden der Gedanke an Kampf fernliegt, so entstammt das, was sie betreiben, doch einer Kampfkunst; allerdings einer, die beansprucht, durch Realisierung eines kosmologischen Prinzips zur Kunst des Kämpfens ohne Kampf zu werden.

Ein kursorischer Blick auf die Begriffsgeschichte mag helfen, die Idee, die der »Kampfkunst des Allerhöchsten« zugrunde liegt, zu erhellen. Ein wahrscheinlich aus dem 3. Jahrhundert v. Chr. stammender Kommentar zum *Buch der Wandlungen* (*Yijing*, im Deutschen auch als

I Ging bekannt) hatte *Taiji*, das Allerhöchste, zum Ursprung und zur bleibenden Einheit von Yin und Yang erklärt. Das Begriffspaar Yin-Yang, ursprünglich in der Bedeutung von Licht und Schatten, war damals schon alt. Im Lauf der Zeit war es als Urpolarität verstanden worden, als Inbegriff aller Gegensätze, die unabdingbar aufeinander bezogen sind, wie Himmel und Erde, warm und kalt, voll und leer usw. Ihr Ausgleich bedeutet Harmonie, oder umgekehrt: Harmonie lässt sich nur als Ausgleich (nicht Nivellierung) der polaren Gegensätze verstehen. Schon früh hatte man am Wechsel von Licht und Schatten im Lauf eines Tages und schließlich im Lauf des Jahres beobachtet, dass der Ausgleich ein dynamischer ist. *Taiji* nun sollte nicht nur den Ursprung der Polarität von Yin und Yang bezeichnen, aus der wiederum in weiterer Ausdifferenzierung die »zehntausend« (also: alle) Dinge der Welt entstehen, sondern auch deren in aller Vielheit sich nie verlierende Einheit. Alles, was ist, hat einen polaren Gegensatz und ist doch bzw. eben dadurch in einer unverbrüchlichen Einheit mit ihm. Jahrhunderte später legte der neokonfuzianische, daoistisch beeinflusste Philosoph Zhou Dunyi (1017–1073) ein Diagramm des *Taiji* (*Taijitu*) mit erläuterndem Text (*Taijitu shuo*) vor, das die Entstehung aller Dinge erklären sollte. Er ließ *Taiji*, den Ursprung und die Einheit von Yin und Yang, in *Wuji* gründen; in dem, was keine Polarität hat, was grenzenlos, unbewegt und still ist. Und er sagte, bis dahin ungewöhnlich für einen Konfuzianer, dass das Höchste des Menschen durch Ruhe erreicht werde. Zhou Dunyis Diagramm und Text wurden zu einem der wichtigsten Bezugspunkte philosophischer Debatten der folgenden Jahrhunderte. Sie wären aber vielleicht dem Vergessen anheimgefallen, wenn nicht der große und einflussreiche Philosoph Zhu Xi (1130–1200) ihre Bedeutung für den Neokonfuzianismus erkannt hätte. Seiner Auslegung zufolge ließ sich mit Zhou Dunyis Verknüpfung von *Taiji* und einem unverlierbaren, dem Weisen zugänglichen *Wuji* begründen, dass es keines Rückzugs aus der Welt bedurfte, um zur Ruhe des Herzens zu finden. Diese Botschaft ging unüberhörbar an den Buddhismus und den Daoismus, denen die Konfuzianer Weltflucht vorwarfen. Der Weise vermöge vielmehr aus der Ruhe des Herzens in der Welt zu handeln, ohne in ihr diese Ruhe zu verlieren. Mit Zhu Xi entwarf sich der dem gesellschaftlichen Leben verpflichtete (Neo-)Konfuzianismus nicht mehr nur aus ethischer Perspektive, sondern aus einem quasi mystischen Verbundensein mit der Welt.

Während Zhu Xi, um das Verbleiben des Weisen in der Welt der zehntausend Dinge zu begründen, die Unverlierbarkeit des *Wuji* im *Taiji* postulierte, veranschlagten Daoisten *Wuji* in einer Sphäre vor dem *Taiji*, in die es durch einen Weg zurück aus der Welt zu gelangen gelte. Die sich an die Verknüpfung von *Taiji* und *Wuji* anschließende Debatte war, wie alle philosophischen Auseinandersetzungen im alten China, an die Frage der Lebensführung gebunden. Ob unter denen, die das Verhältnis von *Taiji* und *Wuji* unterschiedlich auslegten, das Ideal dasjenige des Weisen (wie im philosophischen Daoismus), des Edlen (wie im Konfuzianismus), des Erleuchteten (wie im Buddhismus) oder des Unsterblichen (wie im religiösen Daoismus) war, immer galt die Grundüberzeugung, dass es nicht um Wissen, sondern um eine Einsicht gehe, die das eigene Leben leiten könne. Irgendwann war der Funke der Debatte um *Taiji* und *Wuji* in die Welt der Kampfkünste übergesprungen. Davon zeugen der Name *Taijiquan* und eine Zeile in seinen klassischen Schriften: »*Taiji*, aus *Wuji* entstehend, ist die Mutter von Yin und Yang.« Der Name *Taijiquan* behauptet, dass das Prinzip des Ausgleichs von Yin und Yang, das in allen Dingen des Kosmos wirkt, auch in einer Kampfkunst zum Tragen kommen kann. Das bedeutet, dass sich Yin und Yang in einem selbst und im Verhältnis nach außen immer ergänzen und dabei nie ihre Einheit im *Taiji* verlieren – wenn man hinter das Geheimnis ihres in Ruhe gründenden Bewegungsprinzips gekommen ist. Man selbst und der Andere (ein gedachter Angreifer) befinden sich nie nur im Streit, sondern immer auch in der übergeordneten Einheit des *Taiji*. Was immer aus der Welt der zehntausend Dinge mit ihrer unübersehbaren Vielheit auf einen zukommen mag, auch als Angriff – es gibt, sofern man nicht vom Prinzip abweicht, immer eine Entsprechung, durch die sich der Ausgleich herstellt. Und es gibt einen Umschlagpunkt von Yin und Yang, was im Taichi, der »Kampfkunst des *Taiji*«, bedeutet, dass die Kraft des neutralisierten Angriffs auf ihren Urheber zurückläuft, allerdings elastisch transformiert.

Doch wie kam diese Idee in die Kampfkunst? Und wichtiger noch: Lässt sich das überhaupt üben und umsetzen, oder ist das nur ein gedanklicher Überbau, der mit dem, was praktiziert wird, eigentlich gar nichts zu tun hat? Es gibt verschiedene Theorien und Legenden über die Entstehung des Taichi. Die zwei bekanntesten setzen einen Gründungsvater an seinen Ursprung, im einen Fall Chen Wangting (1597–1664), im anderen Zhang Sanfeng (13.–15. Jh.?). Chen Wangting, ein ehemaliger Transportbegleiter und später Militärkommandant der Ming-Dynastie, quittierte nach deren Sturz durch die Mandschu (1644) den Dienst und zog sich in sein Heimatdorf zurück, wo er weiterhin den Kampfkunststil seines Clans praktizierte und nach dem daoistischen »Klassiker des Gelben Hofes« (*Huangting jing*) zu meditieren begann. Dieses Werk der sogenannten inneren Alchemie aus dem 3. Jahrhundert lehrt Atemtechniken und eine Lenkung des Qi mit dem Herzen (*xin*), was im Chinesischen ebenso wie bei uns das innere Organ, aber eben auch die innerste Instanz der Persönlichkeit bezeichnet. Durch die Verbindung der inneren Energiearbeit mit dem Kampfkunststil des Chen-Clans sei Taichi entstanden. Ein Nachfahre von Chen Wangting unterrichtete einen Familienfremden, Yang Luchan (1799–1872), der zum Begründer des Yang-Stils wurde. Unter seinen Nachkommen wiederum erzählte man sich, Taichi sei in den von daoistischen Klöstern besiedelten Wudang-Bergen entstanden, mit dem berühmten Unsterblichkeitssucher (nach anderer Auffassung: Unsterblichen) Zhang Sanfeng als Gründer. Einer Version zufolge soll ihm im Traum der Kriegsgott erschienen sein, um ihm die Kampfkunst des Taichi zu offenbaren. Nach einer anderen Version verdankte er die Einsicht in deren Grundidee einer Naturbeobachtung, als er zum Zeugen eines Kampfes zwischen einer Schlange und einem Reiher wurde. Diese Quellen sind spät, ebenso wie jene, der zufolge Zhang Sanfeng bereits ein Meister des Shaolin-Kungfu gewesen sei, das den »äußeren Kampfkünsten« zugerechnet wird, bevor er das

Prinzip der »inneren Kampfkünste« entdeckt habe.

Unabhängig von der Frage nach ihrer Authentizität, die zu prüfen hier nicht der Ort ist, sagen diese Geschichten mit unterschiedlichen Akzentuierungen, vielleicht auch etwas holzschnittartig und nicht ganz unbeeinflusst von Interessen der Überlieferungslinien, etwas über Kontinuität und Diskontinuität in den Kampfkünsten aus. Sie benennen mit Kaserne, Kloster und Clan das Milieu, in dem sie sich entwickelten; und sie betonen die Rolle des Eremiten, der im Traum, in der Natur oder durch meditative Praktiken innerer Alchemie zu neuen Einsichten gelangt. Sie werfen damit auch die Frage auf, ob *Taijiquan* bei Null begann oder sich als Umdeutung anderer Kampfkunststile entwickelt hat. Den Narrativen über beide Ursprungsahnen ist gemeinsam, dass sie Taichi zu einer daoistischen Kunst erklären. Der Buddhismus taucht nur als Gegenpol auf, der Neokonfuzianismus bleibt ausgeblendet. Der Neokonfuzianismus allerdings hat deutliche Spuren in den klassischen Schriften des *Taijiquan* hinterlassen, die in der zweiten Hälfte des 19. Jahrhunderts redigiert und teilweise wohl erst verfasst wurden – zu einer Zeit, da der Name *Taijiquan* in Gebrauch kam. Zuvor wurden nach heutiger Quellenlage weder die Kampfkunst der Chen- noch die der Yang-Familie so genannt.

Während sich die heute existierenden Taichi-Stile und -Schulen hinsichtlich der Genealogien und ihres historischen Ursprungs uneins sind, herrscht Einigkeit über ihre Rückbindung an den Inhalt dieser klassischen Schriften. In ihnen wird erläutert, was Taichi von anderen Kampfkünsten unterscheidet. Sie erklären seine Wirkungsweise und seine Übungsmethoden; und sie weisen auf Fehler hin, die den Übenden vom Prinzip des Taichi abweichen lassen.

Doch Taichi lernt man nicht aus Schriften oder mit Videos, sondern von einem Lehrer. »Die Einführung in die Anfangsgründe und die Führung auf dem Weg bedürfen der mündlichen Unterweisung.«[2] Wer es auf eigene Faust versucht, findet sich schnell ratlos wieder. Der Lehrer zeigt die Figuren und erläutert die Bewegungsabläufe. An ihm kann man sehen, wie es geht. Bei seiner Berührung erahnt man, was man allmählich in sich selbst spüren lernt. Er korrigiert Fehler und weist einen darauf hin, wo man einen Schritt zurück machen muss, um voranzukommen. Er hilft einem freizulegen, was schon in einem ist. Durch ihn erwirbt man sein inneres Leitbild, das einen zu dem führen soll, was noch außer Reichweite ist. Durch ihn steht man in einer bestimmten Überlieferung und Auslegungstradition, die sich von anderen unterscheidet. Eine allen gemeinsame Zielvorgabe lautet: »In Bewegung sei der ganze

Körper leicht und lebendig, vor allem muss er in all seinen Teilen miteinander verbunden sein. Das Qi soll angeregt zirkulieren, der Geist sich im Innern sammeln.«[3] Damit der Körper sich immer als ganzer bewegen kann, ohne dass Teile durch lokale Kraft blockiert und abgespalten werden, bedarf es der Hinweise und Korrekturen. Wie gelingt es, die Arme locker zu lassen, damit sie nicht aus der Einheit der Bewegung des ganzen Körpers herausfallen? Was heißt es, dass sich Kraft in ihnen nur manifestieren, nicht aber generieren soll? Wie kann man sich über die Fußsohlen mit der Erde verbinden, sodass man »wurzelt«, wie müssen Beine und Hüfte ausgerichtet sein? Manchmal helfen Vorstellungsbilder, den äußeren Körper so auszurichten, dass das Qi ungehindert in seinem Inneren strömen kann und dabei zu den Energiezentren wie der »Sprudelnden Quelle« (*yongquan*) in der Fußsohle, dem »Zinnoberfeld« (*dantian*) im Unterbauch oder dem »Treffen der Hundert« (*baihui*) auf der Schädeldecke gelangt. So gibt es etwa die Vorstellung, der Kopf hinge an seinem Scheitelpunkt an einem unsichtbaren Faden.

Wenn man sich zur Form aufstellt, sollen Körper und Geist beruhigt werden. Der Blick ist unbestimmt nach vorne gerichtet, wodurch sich das Sichtfeld weitet. Kein bestimmtes Objekt der Außenwelt nimmt unsere Aufmerksamkeit gefangen. Man stellt sich aufrecht und gerade hin. »Im Stand muss der Körper ausgeglichen und aufrecht, ruhig und locker sein.«[4] Aber Aufrichten heißt im Taichi Sinken. Wir strecken die Gelenke nicht durch, um uns nach oben zu recken, sondern wir halten sie leicht gebeugt und durchlässig, um das Schwere vom Scheitelpunkt des Kopfes bis zur Fußsohle sinken und das Leichte steigen zu lassen. Unsere Achse wird durch eine gegenläufige Kraft errichtet. Das Schwere strebt zur Erde, das Leichte zum Himmel. Metaphern? Die Worte sind belanglos, solange wir in uns diese gegenläufige Kraft spüren. Das Ineinander der Gegensätze drückt sich auch im Verhältnis von Ruhe und Bewegung aus. »In Ruhe wie ein hoher Berg, in Bewegung wie ein mächtiger Strom.«[5] Es meint nicht: entweder in Ruhe (dann wie ein Berg) oder in Bewegung (dann wie ein Strom) zu sein, sondern zugleich beide Qualitäten zu realisieren. In archaischer Zeit wurden in China mächtigen Bergen und Strömen Opfer dargebracht, um den Kosmos im Gleichgewicht und damit die Welt für die Menschen bewohnbar zu halten. Später wurde der Kult der kosmischen Urkräfte in der Kunst aufgehoben. »Berge und Wasser« (*shanshui*) wird die chinesische Landschaftsmalerei genannt. Immer stellt sie ideale Weltlandschaften dar, in denen das Qi nur dann nicht blockiert wird und fließen kann, wenn die Welt durch das

Ineinander von Berg und Strom Kosmos ist, d. h. eine durch ihre Gegensätzlichkeit geordnete Welt.

Der Lehrer erläutert, wie die Phase des Aufnehmens beginnt und wann diejenige des Abgebens einsetzt. Die Hinweise des Lehrers fallen aber nur dann auf fruchtbaren Boden, wenn es gelingt, in die eigenen Bewegungsabläufe hineinzuhören. Nur durch immer genaueres Wahrnehmen dessen, was in den Bewegungen geschieht, lassen sich Vorgänge des Öffnens und Vereinigens oder der Kompression und Dekompression in den Phasen entdecken. Glückt es, die Phasen ungehindert auslaufen zu lassen, ereignet sich der Umschlag von Yin und Yang irgendwann wie von selbst. Dann wohnt man der Entstehung von elastischer Kraft bei, die sich nicht einstellen kann, solange man lokale Kraft ausübt, um die Bewegungen zu kontrollieren.

Die zentrale Partnerübung im Taichi heißt *Tuishou*, »Schiebende Hände«, oft auch englisch »Push(ing) Hands« genannt. Es gibt sie mit Schritten und im Stand, in choreografierten Mustern und als freies Spiel. Dazu kommen unzählige, je nach Überlieferung und Schule variierende kleinere Partnerübungen, die auf bestimmte Aspekte des Körpergeschehens und gegebenenfalls seiner Verknüpfung mit dem Geist fokussieren.

Wie beim Laufen der Formen geht es um eine Vertiefung des Verständnisses der Kraft, die durch das Zusammenspiel von Yin und Yang entsteht, und um eine Verfeinerung der Bewegungsabläufe. Es ist nicht so, dass das Formlaufen der Gesundheit diente und das *Tuishou* eine Vorbereitung auf den Kampf wäre. Es geht immer um dasselbe. Beim *Tuishou* übt man »anhaften, verbinden, kleben und folgen«.[6] Dabei gilt es, seine Struktur zu wahren, aus welcher Richtung auch immer die Kraft des Anderen kommt. Über die Arme hat man Kontakt mit dem Anderen, an dem man in der Vorwärts- und in der Rückwärtsbewegung haftet; wie Yin und Yang, mit Wechsel der Rolle am Umkehrpunkt der Bewegung. Der Kontakt soll so leicht sein, dass man schon dem Impuls des Anderen folgen kann. Yin und Yang können sich nur ergänzen, wenn jede Bewegung, die von der des Anderen abwiche, unterbleibt. Es gibt das Bild des Schmetterlings, der sich zwischen den Armen der Übungspartner befindet und der weder zerdrückt werden noch wegfliegen darf. Ein anderes Bild ist die Zweimannssäge, die nur dann nicht stecken bleibt, wenn die Holzfäller im Einklang ziehen und schieben. Ist der Andere in der Vorwärtsbewegung, leiste ich keinen Widerstand, denn dann prallte Yang auf Yang, Härte auf Härte. »Wenn der Andere hart ist, bin ich weich.«[7]

Im Taichi gibt es keine Blocks. Ich entziehe mich aber auch nicht, denn dann würde ein Loch zwischen uns aufreißen, aus dem der Andere unvermutet vorstoßen könnte. Stattdessen blende ich mich in die Bewegung des Anderen ein. Die Grundidee der »Kampfkunst des *Taiji*« ist, Yang durch Yin zu neutralisieren. Dazu muss man die Angriffskraft aufnehmen und sich mit ihr verbinden. Indem es auf Yin trifft, läuft Yang leer, wird übermäßig und schlägt schließlich in Yin um. Dann kehrt die harte Kraft elastisch transformiert zu ihrem Ursprung zurück. Dort, wo der Andere attackiert, findet er keine Angriffsfläche vor, denn dort bin ich leer. Voll werde ich dort, wo er leer ist, im Rücken seiner Bewegung. Nur wenn sich meine Stellung immer zum Pendant der meines Gegenübers verwandelt, bin ich in der Lage, meine Struktur auch bei sich ändernder Angriffsrichtung zu wahren. Das können, je nach Übungsstand, kleine, von außen kaum wahrnehmbare Bewegungen sein. Man lernt, die Richtung und die Stärke der Kraft, die auf einen zukommt, immer feiner und schließlich schon im Ansatz zu spüren. »Keine Feder könnte hinzugefügt werden, keine Fliege könnte landen.«[8] Mit der Zeit kommt das Verständnis der Kraft im Zusammenspiel von Yin und Yang, schließlich erlangt man »geistige Klarheit«, wie es in den Schriften heißt.

Partnerübungen sind ein Indikator des Übungsstands und ein wichtiges Korrektiv. Anfangs fühlen sich die meisten gleichwohl wie auf einen anderen Planeten versetzt. Mit der ersten Bewegung des Anderen in Richtung des eigenen Zentrums ist die ganze Entspannung aus der Form plötzlich dahin. Man will sich der Kraft, die auf einen zukommt, am Berührungspunkt entgegenstemmen oder ihr entfliehen. Nicht selten setzt ein Ringen und Rangeln ein. (Manchmal setzt es sich jahrelang fort.) Es ist, als ob alles vorangehende Üben umsonst gewesen wäre. Doch so dramatisch liegen die Dinge selten. Man muss nur so weitermachen wie bisher, mit einem Ineinander von Anleitung und Üben. Nach und nach lernt man, Erfahrungen, die man bereits beim Laufen der Form gesammelt hat, in die Partnerübungen einzubringen. Und dann beginnt auch schon der gegenläufige Transfer: Erfahrungen aus den Partnerübungen erhellen Bewegungsmuster der Form.

Um eine Angriffskraft aufnehmen zu können, ohne sich ihr entgegenzusetzen oder zu entziehen, bedarf es der Leere. An der Stelle des Angriffs muss sie sich physisch manifestieren, aber sie gründet auf einer mentalen Ebene. Es ist die innerste Instanz der Persönlichkeit, das Herz, das ruhig werden muss. Die Ruhe des Herzens teilt sich dann dem ganzen Körper mit und bleibt in jeder Bewegung erhalten; ganz so, wie es Zhu Xi aus Zhou Dunyis kleinem Text »Erläuterung des *Taiji*-Diagramms« herausgelesen hatte.[9] Ist das Herz ruhig, so bleibt der Geist im Inneren gesammelt und schießt nicht als Widerstands- oder Fluchtimpuls an die Stelle der Berührung. Doch diese Ruhe lässt sich weder imaginieren noch willentlich herbeiführen. Sie kann auch nicht einfach außerhalb durch meditative Praktiken erworben und dann verlustfrei ins Taichi mitgenommen und dort abgerufen werden. Selbst wenn Meditation die beste Voraussetzung ist, so muss die Ruhe des Herzens doch auf dem Übungsweg erlangt werden. Den Schlüssel zum Tor, das durchschritten werden muss, formulieren die klassischen Schriften des *Taijiquan* so: »Zugrunde liegt: ›Das Eigene aufgeben und dem Anderen folgen‹.«[10] Es handelt sich um ein Zitat des konfuzianischen Philosophen Menzius (auch Mengzi, ca. 372 – ca. 290 v. Chr.). Im Kontext des Taichi verweist es – modern gesprochen – auf das Ego, das aufgegeben werden muss, um einen Angriff durch das *Taiji*-Prinzip neutralisieren zu können. Es manifestiert sich in dem Impuls, sich zu widersetzen oder zu entziehen. Beides gereicht dem Anderen (als Angreifer) zum Vorteil. Ob sich der Impuls zur Selbstbehauptung als Widerstand oder als Flucht äußert, in beiden Fällen bleiben Ich selbst und der Andere einander entgegengesetzt. Taichi aber will mich für den Angriff des Anderen unerreichbar machen, indem es den Kreis der Einheit um uns schließt.

Das Ego soll durch das Üben abgebaut werden. Dazu muss man Niederlagen hinnehmen und lernen, sie nicht als solche zu betrachten. Man nennt das auch nach einem Meisterwort »ins Verlieren investieren«. Üben heißt nun, Situationen, in denen es zu Blockaden und zum Strukturkollaps kommt, immer wieder mit einem Partner und der Idee, »das Eigene aufzugeben und dem Anderen zu folgen«, durchzuspielen. Jeder hat seine neuralgischen Stellen, an denen er zuerst blockiert oder kollabiert. Diese lassen sich nicht lokal lockern. Wenn man nur den Arm ausschüttelt, ist er beim nächsten Mal genauso angespannt. Es gilt, den Angriffspunkt nicht zum Punkt der Auseinandersetzung werden zu lassen. Er muss durchlässig bleiben, um die von außen kommende Kraft aufnehmen und neutralisieren zu können. Das muss physisch realisiert werden, setzt aber voraus, dass der Geist die Stelle loslässt. Beide, das Ego und sein Gegenteil, die Ruhe des Herzens, durchdringen den gesamten Körper. Jenes spaltet ihn in Teile, woraus Angriffspunkte werden; dieses verbindet jeden Teil mit dem Ganzen, was die Struktur durch Wandel wahren lässt. Die Erfahrung der Angreifbarkeit im freundschaftlichen Spiel des *Tuishou* wird zur Wegscheide. Trainiert man Körperkraft, Schnelligkeit und Geschicklichkeit, um bestehen zu können, oder lässt man sich auf den Transformationsprozess ein, in dem Körper und Geist ihre Verbindung durch Aufnahmebereitschaft wahren? Weil jede Figur als Pendant der Stellung des Anderen erfahren wird und weil die Aufnahmebereitschaft und die Durchlässigkeit zu einer Dimension des sich bewegenden Körpers geworden sind, erschließt das Laufen der Form den Raum um einen herum mit einer spezifischen Intensität. Innen und außen sind verbunden. Der Übende ist in seine Umgebung hinein verlängert, in der Horizontale, aus der auch der Andere kommt, und in der Vertikale entlang der Achse zwischen Himmel und Erde. Das Laufen der Form versetzt den Übenden, wo immer er sich befindet, an seinen Platz im Kosmos.

Auch wenn es auf dem Übungsweg des Taichi von Anfang an und immer wieder Aha-Erlebnisse gibt, gilt für den Weg als ganzen doch, dass es keine Abkürzungen gibt. »Nachdem man mit den Bewegungen der Figuren vertraut ist, wird man allmählich dessen gewahr, was Verstehen der Kraft ist. Vom Verstehen der Kraft gelangt man stufenweise zu geistiger Klarheit. Aber ohne lange Zeit alle Kraft und Mühe darauf verwendet zu haben, kann einem nicht plötzlich ein Licht aufgehen.«[11]

Jedoch ist das Üben des Taichi kein Training. Nach der Devise »Wo ein Wille ist, ist auch ein Weg« lässt sich durch eisernes Training vieles erzwingen. Der Weg des Taichi aber verläuft anders. Je ruhiger wir im Inneren sind, je gesammelter der Geist, desto genauer können wir in die erlernten Bewegungen hineinspüren. Wenn die Figuren der Form als Erinnerungsbilder erfahren worden sind, in denen das Spiel der Kraft im Wechsel von Yin und Yang gespeichert ist, dann gilt es immer mehr, dem Geschehen gleichsam nur noch beizuwohnen. Dann vertiefen und verfeinern sich die Bewegungen gerade ohne unser Zutun, verlaufen wie auf Bahnen, durch die ich gleite und die der Körper, gereinigt von jeder muskulären Willkür, im Raum nachzeichnet – dafür müssen wir uns in der Kunst des Geschehen-lassens üben. So eigenartig uns die Figuren des Taichi zu Anfang vorkommen mögen und so große Mühe es uns bereitet, sie exakt zu erlernen, so sind doch in all ihren Bewegungen immer auch Abläufe, die wir aus frühester Kindheit kennen, die aber überwiegend verschüttet sind. Als Säuglinge kannten wir noch keinen Widerstand. Daher konnte Laozi im *Daodejing* (Abschnitt 10) fragen: »Kannst du deine Kraft einheitlich machen und die Weichheit erreichen, dass du wie ein Kindlein wirst?« Wenn wir als Kinder auch keine Taichi-Formen gelaufen sind, die wir inzwischen nur vergessen hätten, so war uns doch etwas Wesentliches von seinem Bewegungsprinzip schon einmal vertraut. Taichi lässt uns weich werden, nun aber aufrecht. Um Taichi üben zu können, müssen wir nicht nur Neuartiges lernen, sondern Uraltes freilegen und es als Urvertrautes erkennen. Dieses Freilegen ist etwas, was nicht erzwungen werden kann. Es geschieht mühelos, oder es geschieht nicht. Der Übungsweg des Taichi führt uns in gewisser Weise dorthin, woher wir kommen; wenn wir es zu- oder geschehen lassen. Dann gelingt vielleicht auch, was die Daoisten Handeln durch Nicht-Handeln (*wuwei*) nennen. Dies setzt, in den Worten der Neokonfuzianer, die Ruhe des Herzens voraus. Sie erlaubt uns, eins zu sein mit dem, was wir nicht sind.

Es gibt viele Gründe, mit dem Üben von Taichi zu beginnen: weil man etwas für seine Gesundheit tun will; weil man ein Selbstverteidigungssystem erlernen möchte, was nicht auf Muskelkraft und Schnelligkeit setzt; weil man die Idee einer Meditation in Bewegung interessant findet; oder weil man sich davon einen Weg der Selbstfindung verspricht. Mit der Zeit mögen sich die Gründe verschieben. Und vielleicht bedarf es irgendwann auch gar keiner Gründe mehr. Dann ist das Üben wie ein Spiel zum Selbstzweck geworden – bei dem man das untrügliche Gefühl hat, es gehe auf dem Weg der sanften Kampfkunst um einen selbst. Taichi als Angelpunkt eines gelingenden Lebens? Wäre das nicht einen Versuch wert? Doch man ist gut beraten, den Übungsweg des Taichi nicht mit Gründen und Zwecken zu überfrachten. Es ist schon Aufgabe genug, die Figuren zu erlernen, sich durch beharrliches Üben ihren Sinn immer tiefer zu erschließen und bei Partnerübungen ins Verlieren zu investieren. Wenn man von Anfang an weiß, wo der Weg für einen enden soll, wird sich das, was auf ihm verborgen liegt, vielleicht nicht freilegen lassen. Der Weg des Übens ist kein Weg des Ausstands. Der Übende ist unterwegs, er nähert sich etwas an, und zugleich ist sein Üben schon das, worum es geht.[12]

* * *

(Zwei Monate später.)

Hallo Timothy,

leider sind meine Reisepläne ins Wasser gefallen. Superschade! Aber: The day will come.

Nach meinen Infos hat sich die politische Situation in Thailand wieder entspannt. Ich hoffe, Ihr seid alle in Sicherheit! Mit Doris habe ich seit Wochen kein Wort mehr gewechselt, nicht mal über

WhatsApp (stell Dir vor, unser Hausarzt hat bei ihr eine Waschmittelallergie diagnostiziert – ausgleichende Gerechtigkeit, sag ich da nur!). Aber meine Töchter fehlen mir. Mara wird doch schon bald acht! Nur dass sie dauernd bei TikTok rumturnen muss, stört mich gewaltig.

Deinen Text habe ich im Bekanntenkreis herumgeschickt. Merkwürdig eigentlich, dass asiatische Gymnastik auch eine Form der Weisheit sein soll. Aber der Begriff »Übung« ist natürlich ein weites Feld; dazu müsste man mal die Köpfe zusammenstecken.

Schönen Gruß
Phil

* * *

(Anfang Dezember,
aus dem Chinesischen übersetzt.)

Liebe Hsin-mei,

wie geht es Dir? Ich bin immer noch in Berlin. Meine Eltern hätten mich längst zurück in Hongkong sehen wollen, aber irgendetwas hält mich hier. Vielleicht die regnerische Trübsal, vor der ich mich oft in ein Café am Bahnhof Friedrichstraße flüchte. Die sprichwörtliche Berliner Luft.

Das Brecht-Museum oder der Mauerpark. Alles ist sehr deprimierend, aber bei Euch ist es ja auch nicht besser.

Ich bin immer noch für Philosophie eingeschrieben, an der Humboldt-Universität. Aber es gefällt mir nicht so richtig. Die Seminare sind überfüllt. Alle sind sehr unfreundlich. Neulich hat mich ein Kommilitone aus Dresden böse angeschaut, weil ich mich einmal zu laut geräuspert habe. Er hatte ein Buch dabei, auf dem stand doch wirklich: »Hegel to go«. Wie lächerlich! (Seine Prüfung hat er dann auch gleich verhauen.) Ich habe das Gefühl, hier nicht richtig Kontakt zu finden und die Einstellungen der Leute nicht zu verstehen. Aber vielleicht hat man es nicht immer leicht in Mitteleuropa als »asiatisch« denkender und aussehender Mensch.

Erinnerst Du Dich noch an das Gespräch zwischen indischen und chinesischen Intellektuellen während des Hongkong Poetry Festivals im Oktober 2018? Dahin hast Du mich doch mitgeschleppt, und es war wider Erwarten spannend! Anschließend sind wir im Victoria Park spazieren gegangen und haben den Sonnenuntergang beobachtet. Was für ein unvergesslicher Tag!

Daran musste ich neulich denken, als ich in Berlin an einem Forum unter dem Titel »Das Rätsel des 21. Jahrhunderts« teilgenommen habe. Es war grauenvoll: Dutzende weiße, alte Männer und Frauen, die sich hemmungslos und sehr hochgestochen über asiatisches Denken auslassen (Ludwig Wittgenstein hätte von »Schwefeln« gesprochen, ein altmodisches deutsches Wort, aber das trifft es gut!). Es hat doch seinen Grund, dass Konfuzius und Buddha sich nie direkt über die letzten Dinge geäußert haben. Ich musste auch daran denken, wie albern die asienbegeisterten Hippies auf unseren Hongkonger Philosophen Lao Sze-kwang gewirkt haben, denen er in den frühen 70ern in Harvard und Princeton begegnet ist. Auch heute wollen die meisten noch irgendwie in Asien den Absprung von der Gegenwart finden, mit Ziegenbärten und den neusten Apple-Laptops, von ihren Erleuchtungen erzählen und sich dabei auch noch revolutionär fühlen. Das Lächerlichste kam am Ende, als hundert Studierende ihre Handys in die Höhe hielten, um den QR-Code eines Kettenbriefes über Weisheit herunterzuladen. (Ich habe Dir zum Spaß einen dieser Briefe ausgedruckt und angehängt, auf Deutsch – Du hast diese Sprache sicher noch nicht ganz vergessen!)

Ich bin danach erst einmal zu McDonald's gegangen und habe den Mitarbeitern beim Zubereiten der Hamburger zugeschaut. Unser Hongkonger

Philosoph hat ganz altmodisch auf Kants nüchternen Geist gesetzt, und ich möchte ihm gern darin folgen. Und überhaupt, was für eine Präzision nötig ist, um einen einzigen Hamburger herzustellen! Mit welcher Eleganz die technischen Schritte ablaufen! Vor wenigen Jahrzehnten wäre das noch gar nicht vorstellbar gewesen. Diderot hat im 18. Jahrhundert von einer Universal-Enzyklopädie geträumt; heute haben wir Wikipedia. Nur dass diese westlichen »Schneeflocken« einfach nicht mit dem Fortschritt zurechtkommen. Wenn die wüssten, wie armselig einige meiner Verwandten in Guangdong noch immer leben müssen! Das würde keiner von denen auch nur eine Woche aushalten …

Du siehst, ich bin immer noch genauso zynisch wie früher, als wir gemeinsam in der Stadtbücherei den Lehrstoff gebüffelt haben. Ich habe mich unter all den westlichen Linken so gefühlt, als wäre ich nicht 24, sondern 74! Und ich ahne schon, Du wirst meinen Brief wieder langweilig finden.

Liest Du noch die *Aufzeichnungen eines Krokodils* von Qiu Miaojin? Ich verstehe nicht wirklich, warum Du Dich plötzlich für Queer-Themen und taiwanische Literatur interessierst (in der Highschool hast Du doch immer für englische Romane aus dem 19. Jahrhundert geschwärmt!). Aber ich weiß ja sowieso sehr wenig von Dir. Trotzdem vermisse ich Dich jetzt sehr. Sei während des Neujahrsfestes lieb zu Deiner Familie!

Grüße von Deinem
Naphta

(Schreibst Du eigentlich noch mit dem Pinsel?)

* * *

(29. Dezember, aus dem Englischen.)

Lieber Naphta,

Danke für Deinen schönen Brief! Ich habe mich sehr gefreut, dass Du wieder einmal auf Papier geschrieben hast. Deine Handschrift hat sich in all den Jahren gar nicht groß verändert. Aber wieso nennst Du Dich jetzt »Naphta«? Dein englischer Name war doch bislang »Plato«?

Was Du über das Leben in Berlin schreibst, klingt sehr interessant. Feierst Du eigentlich westliches Weihnachten?! Den Kettenbrief habe ich auch brav entziffert, mit meinem alten deutsch-chinesischen Wörterbuch und Google Translate. Das meiste habe ich verstanden, aber einiges ist etwas dunkel formuliert.

Ich musste an einen Kettenbrief denken, den ich neulich auf WhatsApp erhalten habe: »Morgen um 12 Uhr mittags wird Dich Deine große Liebe küssen, aber nur, wenn Du vorher diesen Kettenbrief an zehn weitere Personen schickst. Tust Du es nicht, wirst Du zehn Jahre lang Pech haben!« Was für ein Quatsch! (Und Du bist ja auch gar nicht hier.)

Ich schreibe übrigens noch mit dem Pinsel. Aber erwarte jetzt bitte nicht, dass ich Dir einen handgeschriebenen Brief schicke! Das wäre mir zu peinlich, denn ich schäme mich immer noch für meine ungelenke Handschrift. Vielleicht hat es damit zu tun, dass mich meine Tante viele Jahre lang gezwungen hat, jeden Morgen um sechs Uhr aufzustehen und mit dem Pinsel fünfzig Schriftzeichen zu schreiben. Sie hat dazu kein Wort gesagt, sondern mir bloß jedes Mal auf die Finger geschlagen, wenn ich nicht aufrecht und mit durchgedrücktem Rücken dasaß. Nur während der Feiertage durfte ich mal bis in die Puppen schlafen. Gerade sitzen, den Tee nicht verschütten, beim Essen nicht reden – darin bestand für meine Tante die höchste Weisheit.

Wahrscheinlich werde ich trotzdem über Neujahr, wenn die anderen Mahjong spielen, wieder einmal zum Pinsel greifen. Was auch sonst!

Alles Andere müssen wir einmal unter vier Augen besprechen …

Schöne Grüße

Deine
Hsin-mei

* * *

(10. Januar, eine Postkarte, aus dem Chinesischen.)

Liebe Hsin-mei,

Danke für Deinen Brief!

Diesmal habe ich Weihnachten gefeiert, mit zwei deutschen Freunden, in einer finsteren Hinterhofbar in Berlin-Pankow!

Und ich habe versucht mir vorzustellen, wie Deine Tante Dich damals getriezt hat. Ich erinnere mich noch vage daran, dass Du mir einmal mit dem Pinsel einen langen Brief geschrieben hast, in einem altertümlichen Stil (Du warst erst zehn!). Ich war eigentlich immer gegen dieses Geschwärme für die chinesische Vergangenheit, all das verstaubte Gelehrtengetue (vielleicht ist die klassische chinesische Kultur, so wie die altägyptische, längst ausgestorben, wir haben es nur noch nicht gemerkt!).

Aber dann habe ich in einer deutschen Zeitschrift neulich einen Essay über die sogenannte Kalligrafie gelesen, der hat mich zum Nachdenken gebracht …

Aber das ist ja gar nicht wichtig. Ich vermisse Dich hier sehr. Schreib mir auf jeden Fall bald mal wieder!

Dein Naphta

* * *

Kai Marchal

Versuch über das Schreiben oder vom Durchlässigwerden der Innenwelt zur Außenwelt (und umgekehrt)

1

Wenn philosophisch interessierte Menschen heute über Weisheit nachdenken, kommen sie mitunter auch auf Sokrates und dessen Begeisterung für die Weisheit zu sprechen.[1] Aber selbst wenn in vielen philosophischen Seminaren Studierende noch »im sokratischen Geist« in der Kunst des philosophischen Gesprächs ausgebildet werden, dürften nur wenige akademische Philosophinnen und Philosophen von sich sagen wollen, auf der Suche nach Weisheit zu sein. Vielleicht hat es mit der schillernden Vieldeutigkeit dieses Wortes zu tun, vielleicht auch mit seiner moderner Abgeklärtheit widerstehenden Bedeutungstiefe; wer es heute in einer Fachdiskussion in den Mund nimmt, gerät auf jeden Fall schnell in den Ruf, sich als Guru oder Medienphilosoph positionieren zu wollen. Jenseits der Universitäten bietet sich jedoch ein anderes Bild. Viele Menschen meditieren, pilgern, lesen in der Bibel oder im Koran, zählen ihre Atemzüge und haben oft sehr komplizierte Vorstellungen über ihr religiöses oder spirituelles Leben. Einige setzen dabei Weisheitspraktiken fort, die in der langen Geschichte der abendländischen Kultur und Philosophie entwickelt worden sind, z. B. die Morgenandacht und die Meditation (Marc Aurel, Descartes), das Schreiben von Gedichten (Hölderlin, Heidegger, T. S. Eliot) oder das Wandern im Hochgebirge (Petrarca, Nietzsche). Manche wenden sich aber auch bewusst von dieser Geschichte ab und suchen in Indien oder Ostasien nach Alternativen. Dort hat man über die Jahrtausende Techniken beschrieben, die uns dabei helfen sollen, unsere Aufmerksamkeit zu steigern, uns der Offenheit des gegenwärtigen Moments anheimzugeben und alle Fragen, die über diesen hinausgehen, auf sich beruhen zu lassen. Die eine oder andere erklärt dann einfach: »Ich meditiere, ich schieße meinen Bogen, ich mache Yoga, *um etwas weiser zu leben.*« Wer jetzt fragt, ob man auf diese Weise tatsächlich *weiser* wird und *was denn eigentlich die Weisheit sei*, stellt wohl nur seine Ungeduld unter Beweis. »Versuch es doch einfach mal selbst!«, wird er wahrscheinlich zu hören bekommen. Oder auch: »Du wirst schon sehen …«[2]

2

Schauen wir uns eine Weisheitspraktik einmal genauer an. In Ostasien waren gebildete Menschen bis weit ins 20. Jahrhundert hinein der Überzeugung, die konzentrierte Wiederholung einer Bewegung sei ein Mittel, um der Vollkommenheit des »geglückten Augenblicks« näher zu kommen. So wie das wiederholte Aussprechen eines Wortes uns dessen Laut intensiver wahrnehmen lässt, macht uns das wiederholte Ziehen einer Linie auf einem Blatt Papier offener für das Jetzt. Man könnte natürlich auch immer wieder dieselbe Blume betrachten, ein Mousse au Chocolat zubereiten, im Dunkeln tanzen oder mit größter Sorgfalt ein Buch einbinden. Aber das Ziehen einer Linie dürfte elementarer sein, führt es doch zurück in die Kindheit, in die Zeit des Schreibenlernens. Der Schreibende ist mit sich allein, in sich selbst versunken; sein oder ihr Atem geht ruhiger; und die Hand, mit einem Pinsel versehen, gleitet sacht dahin, während allmählich eine Form sichtbar wird, unter der im Augenblick ablaufenden Bewegung, oder vielleicht ist diese Bewegung gar identisch mit der entstehenden Form.[3]

Die Vorteile des Schreibens mit dem Pinsel (im Westen auch »Kalligrafie« genannt) scheinen auf der Hand zu liegen: Man erlangt innere Ruhe, größere Klarheit, Distanz zu den eigenen Wünschen, ja vielleicht sogar Gelassenheit. Durch die Bewegung des Pinsels, die eigentlich gar nicht zu einem *Gegenstand* der Aufmerksamkeit werden kann, da sie idealerweise reiner Fluss ist, soll nicht nur ein Zustand absoluter Konzentration erzeugt werden, sondern eine vertiefte Vertrautheit mit sich selbst, die man möglicherweise mit dem Wort »Weisheit« zusammenfassen könnte.

3

Es ist an dieser Stelle notwendig, sich mit einigen Grundlagen vertraut zu machen. Die ostasiatische Kulturgeschichte ist aufs Engste verknüpft mit der Praxis des Schreibens. Das Schreiben galt als die höchste unter den *Kunst*formen, höher stehend als die Bildhauerei, das Malen oder das Anfertigen von Vasen und Bechern – wenn wir das Wort »Kunst« denn einmal benutzen wollen; streng genommen gab es in diesem Kulturraum vor dem 20. Jahrhundert keinen Kunstbegriff im europäischen Sinne. In den Gesellschaften Chinas, Japans, Koreas, Taiwans und Vietnams wurden Kinder aus wohlhabenden Familien jahrelang in der Technik des Schreibens mit dem Pinsel (aus Schafs-, Wolfs-, Pferdehaar usw.) ausgebildet, oft schon ab dem Alter von fünf oder sechs Jahren.

Wer auch immer im traditionellen Staatswesen Karriere machen wollte, tat gut daran, sich eine schöne Handschrift zuzulegen. Aber auch Kaiser, Generäle und religiöse Anführer legten viel Wert auf die klassische chinesische Schriftsprache: Sie ließen Stelen mit riesenhaft vergrößerten Aussprüchen anfertigen, veranlassten die Abschrift buddhistischer Sutren und anderer heiliger Texte, die dann in Palastarchiven oder Berghöhlen für die Ewigkeit eingelagert wurden. Wer schreiben konnte, und das war gewiss nur eine verschwindend kleine Minderheit, schrieb oft und gern, sei es im Sitzen oder im Stehen, mit aufgestütztem oder frei schwingendem Handgelenk. Doch auch in breiten Schichten der Bevölkerung genoss das Schreiben größte Wertschätzung, etwa in Form des Planchette-Schreibens (*fuji* 扶箕, auch *fuluan* 扶鸞), das die Kommunikation mit Gottheiten und Geistern erlaubte. Schriftzeichen durften nicht einfach weggeworfen werden, sondern mussten in speziell für diesen Zweck eingerichteten Öfen verbrannt werden. Zweifellos hat die chinesische Schrift in diesen Gesellschaften entscheidend zur Strukturierung individueller wie kollektiver Erfahrung beigetragen.

Außerhalb der ostasiatischen Kultursphäre macht man sich nicht leicht einen Begriff von dieser Schreibpraxis. Wir kennen nur die alphabetische Schrift und glauben sie intuitiv anderen

Systemen überlegen. Zwar hat man seit der griechisch-römischen Antike unterschiedliche Schriftstile entwickelt, die anhand von Kriterien wie Formalisierungsgrad, Geschwindigkeit der Ausführung, Geschicklichkeit oder Neigungswinkel der Buchstaben klassifiziert werden konnten (bekannt sind etwa die karolingische Minuskel, der Vorläufer der Schrift »Antiqua«, oder die Unzialschrift, die mit der Rohrfeder auf Pergament geschrieben wurde).[4] Im Vergleich haftet dem Alphabet jedoch, bei aller Variation im Einzelnen, etwas Starres, Mechanisches an. Denn die chinesische Schriftsprache umfasst Tausende, ja Zehntausende unterschiedlicher Zeichen, die langsam oder schnell, kantig oder rund, groß oder klein, dick oder dünn, mit Nachdruck oder ganz leichthändig geschrieben werden können, was einen schier unerschöpflichen Formenreichtum ergibt.

Hier ist ein einfaches Beispiel, das Schriftzeichen für die Zahl »1«, in 52 unterschiedlichen Ausführungen:

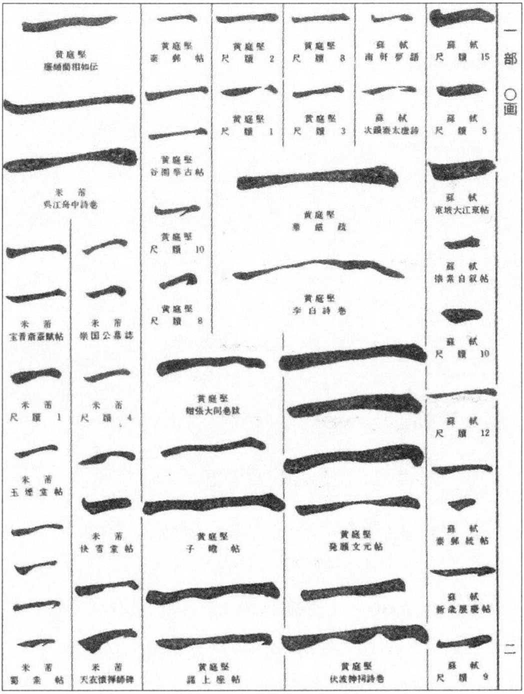

Schreibvarianten für das Zeichen yi 一 (»eins«).

Tatsächlich geht es meist nicht um ein einzelnes Schriftzeichen, sondern um die Verbindung mehrerer Zeichen, die so angeordnet werden müssen, dass sie einen stimmigen Gesamteindruck ergeben – nicht auf einem quadratischen Papierausschnitt, sondern oft auf einer Rolle, die viele Meter lang sein kann (und die Zeilen gehen leicht ins Uferlose, was es umso schwieriger macht, die für das Schreiben nötige Konzentration durchzuhalten).

Ein weiteres Beispiel:

Yan Zhenqing 顏真卿, *Liu zhong shi tie* 劉中使帖.

In dieser Notiz, geschrieben von Yan Zhenqing (709–785 n. Chr.) zum Ende des Jahres 775 n. Chr., gibt der berühmte Kalligraf seiner Freude darüber Ausdruck, dass zwei Generäle eines abtrünnigen Lokalfürsten auf dem Schlachtfeld eine verheerende Niederlage erlitten haben. Acht Spalten, einundvierzig Schriftzeichen, von oben nach unten und von rechts nach links gelesen. Viel mehr steht da eigentlich nicht.

Was sehen wir? Wer nicht geübt ist in der chinesischen Schrift, wird leicht einen Eindruck völliger Form- und Regellosigkeit gewinnen. Beim längeren Betrachten entdeckt man womöglich das langgezogene Schriftzeichen *er* 耳 in der Mitte (eine Partikel). Daneben die roten Stempel der Sammler. Auch wer kein Chinesisch kann, wird irgendwann den Schwung sehen, die Dynamik der Tinte (Felder mit viel Schwärze wechseln sich ab mit weniger schwarzen Feldern). Endlich auch eine gewisse Wucht in einigen Linien und Kurven.

In der chinesischen Vorstellungswelt besitzt jede vom Pinsel erzeugte Form eine eigene Körperlichkeit, deshalb führt die Rede von Strichen oder Linien leicht in die Irre.[5] Wer wie Yan Zhenqing geübt genug ist, vermag es zu erreichen, dass sein körperliches wie geistiges Selbst über die ganze Länge eines solchen Briefes hinweg präsent ist. Man sieht den Fluss, die dunklen Gedankenströme, in denen sich Energie stellenweise staut, um dann wieder ins Offene zu gehen, und ahnt schon beinahe, wie viele Regeln und technische Kniffe verinnerlicht worden sein müssen. Übung heißt hier das Verinnerlichen von anschaulichen Formen, die durch den regelmäßig wiederholten Vollzug des Schreibens zu leiblichen Bewegungsmustern werden (die Hand kann sie irgendwann *von selbst* schreiben, ohne dass der Übende sie noch bewusst lenken müsste). Und damit ist die Vorstellung verknüpft, dass diese Bewegungsmuster zugleich den Charakter eines Menschen widerspiegeln, die Art und Weise, wie er sich in seinem »Lebensstrom« orientiert hat. Wenn bis heute Eltern ihren Kindern einen Pinsel in die Hand drücken, um den Stil des Yan Zhenqing zu üben und die von ihm jedem einzelnen Schriftzeichen verliehene, mustergültige Gestalt zu beherrschen, dann hängen sie vielleicht immer noch der Überzeugung an, ihre Sprösslinge könnten wie dieser eine große Karriere hinlegen.

* * *

Hallo, Ihr Lieben,

helft mir: Bei mir ist gerade ein Scan hereingeschneit, über die Schreibkunst in Asien. Für meinen Geschmack hat sich der Autor in zu vielen Gedankensträngen verheddert. Mit Weisheit hat das auch nichts zu tun, wirkt nur sehr filigran & kunsthistorisch verstiegen. Und nach einigen Seiten ist plötzlich Schluss ... Oder habe ich etwas übersehen?!

Grüße von der Strandbar
Timothy

* * *

Liebe Leute,

also das verstehe ich jetzt nicht, warum dieser Kettenbrief schon wieder bei mir gelandet ist! Lest Ihr oben nicht nach, wer ihn schon bekommen hat? Das ist ja wie damals in der Schule! Nur so mal drüberhuschen über die Sachen, aber mitreden wollen. Na ja, als Lehrer bin ich Kummer gewohnt. Ich schicke das mal retour in die Runde, wenn das im Sinne des Erfinders sein sollte, und Ihr könnt dann ja entscheiden, wie es weitergeht. Ich kenne mich nicht genug mit Kalligrafie aus, um auf den letzten Text zu sprechen zu kommen. Aber dass Schrift auch ein Bild ist, das ist natürlich nicht nur eine asiatische Einsicht. Ihr kennt doch sicher Jandl. Da muss man oft auch den Text sehen, um ihn schätzen zu können. Beispielsweise hier:

die zeit vergeht

lustig
luslustigtig
lusluslustigigig
luslusluslustigtigtigtig
lusluslusluslustigtigtigtigtig
luslusluslusluslustigtigtigtigtigtig
lusluslusluslusluslustigtigtigtigtigtigtig
luslusluslusluslusluslustigtigtigtigtigtigtigtig

Ist das nicht auch ein ironisches Memento mori? Denn wirklich lustig ist es eigentlich nicht, wie die Zeit so wegtickt, oder? Mit dem Thema haben wir hier ja auch angefangen. Also nehme ich es noch einmal auf, wenn wir schon eine Schlaufe machen.

Mich selbst haben jedoch immer mehr Erzählungen interessiert. Sind sie nicht seit Homer Quellen von Weisheit, die das Vergehen der Zeit thematisieren und dagegen anarbeiten? (Denn Odysseus erinnert sich ja bei den Phäaken an seine lange Leidens- und Rückkehrgeschichte, die er auf diese Weise »bewältigt«, um sich hier eines zugegebenermaßen unschönen und anachronistischen Wortes zu bedienen.) Ich hänge zu diesem Thema mal einen Text von Michael Hampe an, in dem es auch um Erzählen und Vergänglichkeit geht. Aber natürlich können nicht nur Erzählungen versammeln und bewahren. Das können auch Bilder oder Plastiken. Auch dazu ein Anhang von einer Berliner Künstlerin. Man könnte noch lange über den Zusammenhang von Sprachbildern und Schriftbildern und die Sprache der bildenden Kunst nachdenken. Hat das nicht auch mit Weisheit zu tun? Kann ein Sprachbild nicht zu einer plötzlichen Einsicht führen? Nun, darüber weiß ich zu wenig …

Jetzt hoffe ich aber, dass dieser Brief nicht gleich wieder wie ein Tennisball zu mir zurückkommt!

Euer Rainer Salbanski

* * *

Michael Hampe

Endlichkeit und Genauigkeit. Über das Erzählen als eine Weisheitspraxis

Theorien und Erzählungen

Theorien handeln von den *allgemeinen Strukturen*, die einen großen Teil der Wirklichkeit oder vielleicht sogar die ganze Welt durchziehen. So gibt es Theorien des Wahrnehmens, Denkens, Fühlens und Wollens in der Psychologie, die das Verhalten möglichst aller Menschen erhellen sollen. Es gibt biologische Theorien über Gene, Neurotransmitter, Hormone und Enzyme, die erklären, wie Lebewesen sich entwickeln, ihre Nahrung verarbeiten, auf ihre Umwelt reagieren, und physikalische Theorien, mit denen sich berechnen lässt, wie die Gravitationskraft zwischen Planeten wirkt und mit welcher Wahrscheinlichkeit ein schweres Element in einer bestimmten Zeit zerfällt. Diese Theorien versuchen Prozesse zu erklären, die in der gesamten materiellen Welt womöglich immer schon auf dieselbe Weise ablaufen und auch in Zukunft so ablaufen werden.

Erzählungen hingegen handeln häufig von *Einzelwesen* – nicht immer, beispielsweise nicht im Naturkundemuseum oder Zoo, wo vor dem ausgestopften oder noch lebenden Gorilla über dessen Verbreitungsgebiet und Nahrungsvorlieben erzählt wird; dort geht es um den Gorilla *als solchen.*[1] In Erzählungen werden oft *Namen* verwendet: Achill wird zornig, Hyperion erinnert sich, Michael Kohlhaas will Gerechtigkeit, Gregor Samsa wacht als Käfer auf usw. Im Unterschied zu den zeitlosen allgemeinen Strukturen, von denen Theorien handeln, sind Einzelwesen endlich.

Es ist unklar, wie viele Einzelwesen ihr Entstehen und Vergehen bewusst wahrnehmen, weil nicht bekannt ist, wie verbreitet bewusste Aufmerksamkeit in der Welt ist. Wir können es mit Gewissheit nur von uns Menschen und ein paar höheren Tieren behaupten. Ob sie sich auch bei anderen Arten findet, ist unter Philosophen und religiösen Dogmatikern umstritten. Vielleicht gibt es eine unspezifische Aufmerksamkeit überall auf der Welt, die manchmal durch irgendetwas angeregt und fokussiert wird – wir wissen es nicht. Von Menschen jedoch ist klar, dass sie sich dem, was entsteht und vergeht, aufmerksam zuwenden können. Diese Zuwendungen können sie disziplinieren und dokumentieren, indem sie *erzählen*, wie ein Wesen auf die Welt kam, was ihm widerfuhr und wie es wieder aus der Welt verschwand.

Sich auf diese Weise auf ein Einzelwesen zu beziehen, bedeutet, eine spezifische Form der *Genauigkeit* an den Tag zu legen. Dass Hans ein Mensch mit zwei Nieren, einem Herz und einer Lunge ist, hält Allgemeinheiten über ihn als ein Wesen fest, das zu den Säugetieren gehört und mit dieser Klasse der Wirbeltiere allgemeine Züge teilt, woraus sich etwa erklärt, dass Hans immer wieder Luft holen muss und unter Wasser nicht atmen kann. Dass Hans am 23. Januar 1955 in Hamburg geboren wurde, dort zur Schule ging, sich zum Matrosen der Handelsschifffahrt ausbilden ließ, 1998 auf der »Maersk Alabama« anheuerte, die 2009 vor der Somalischen Küste von Piraten angegriffen wurde, dann zur »Cavalo Marinho« wechselte, die am 24. August in Santos Bay auf dem Weg nach Salvador sank, ist dagegen eine Geschichte, die sich den Einmaligkeiten seiner Person zuwendet. (Zu sagen, Hans kam um, weil er als Lungenatmer zu lange unter Wasser geriet, wäre eine merkwürdige Feststellung.) Sofern wir uns für diese Einmaligkeiten interessieren, die in den Geschichten der Einzelwesen ans Licht kommen, ist eine solche Erzählung sehr viel *genauer* als jede Feststellung von Allgemeinheiten, auch wenn diese in einer mathematisch ausformulierten Theorie vorkommen kann. Eine Erzählung *zeigt* diese Einmaligkeiten, sie *erklärt* sie nicht, ja es ist sogar behauptet worden, dass »das Besondere … [im Unterschied zum Allgemeinen, MH] nur für sich *gezeigt* werden« kann. »In diesem Sinne« sei »die Haltung des Erzählers, seine Präsentation von Erklärungen möglichst freizuhalten«, damit er nicht in die Theorie abgleite.[2] Interessant ist hier die Wortwahl; indem sie Gefahr läuft »abzugleiten«, erscheint die Erzählung als eine *höherstufige* Form der kognitiven Zuwendung, unter der die Erklärung einzuordnen ist, die das Einzelne nicht erreicht.

Zeit und Distanz

Dass Einzelwesen kommen und gehen, macht Menschen Schwierigkeiten. Wenn mein Auto kaputt geht, mein Hund überfahren wird, meine Schwester stirbt, ja, mein eigener Tod bevorsteht, werde ich eventuell wütend, traurig, vielleicht gerate ich in Panik, werde verzweifelt und deprimiert. Sich und anderen die Geschichten von einer Sache oder Person, das oder die verschwunden ist, zu erzählen, ist auch ein Versuch, mit den Problemen, die uns die Endlichkeit der Einzelwesen bereiten, fertig zu werden. Eine Person, die weiß, wie sie ein Leben führen kann, sodass sie mit den Schwierigkeiten, die unweigerlich in ihm auftauchen, zurande kommt, kann man als »weise« bezeichnen. Das ist sicher nicht die einzig mögliche Definition von Weisheit. Es gibt viele. Doch sie ist nicht unplausibel. Unsere eigene Endlichkeit und die der vielen Einzelwesen um uns herum macht uns nun einmal zu schaffen, hier in diesem Kulturkreis und wahrscheinlich auch in allen anderen, die wir kennen. Sofern wir nach Weisheit streben (was wohl niemand öffentlich sagen würde, weil er befürchten müsste, als Spinner belächelt zu werden), streben wir danach, dass uns diese Endlichkeit weniger belastet, dass wir lernen, sie zu »bewältigen«. In der Weisheitsliteratur sind deshalb von jeher solche Bewältigungsstrategien der eigenen Todesfurcht thematisiert worden. Sokrates, der ruhig den Schierlingsbecher trinkt und stirbt, scheint in dieser Furchtlosigkeit und Seelenruhe am Ende seines Lebens die Weisheit, die er immer schon in seinem Fragen und Argumentieren an den Tag gelegt hat, ein letztes Mal auf besonders überzeugende Weise zu dokumentieren oder gar zu »beweisen«. Platons Dialog *Phaidon* erzählt als ein philosophischer Roman[3] von dieser Weisheit, wenn er vom Sterben des Sokrates berichtet. Es ist kein Zufall, dass Platons Dialoge nicht allein Argumente vorführen, sondern auch aus dem Leben und Sterben des Sokrates erzählen. Denn dieses Erzählen kann selbst eine Weisheitspraxis sein.

Der Basler Literaturwissenschaftler Alexander Honold schreibt: »Erzählen […] heißt, sich einer entschwundenen Sache, einer Situation, einer geliebten Person aus der Vergangenheit aufs neue zu bemächtigen, sie für ein zweites oder wiederholtes Mal heraufzurufen und zu vergegenwärtigen.«[4] Platon ruft den verstorbenen Sokrates im *Phaidon* noch einmal herauf und erzählt uns von seiner Tapferkeit, Autonomie und Weisheit. Bis heute können wir uns auf diese Weise sein Leben, so wie Platon es erzählt hat, wieder vor Augen führen. Erzählen ist in diesem Sinne also auch der Versuch, die Vergänglichkeit zu bewältigen, »gegenüber der zehrenden Zeit und dem Einschnitt des Todes« sich einen Freiraum zu ertrotzen, in der »bewahrenden Erinnerung«.[5] Nicht alle Erzählungen müssen mit dem Erinnern in diesem Sinne zu tun haben. So wenig hier eine Theorie der Weisheit vorgelegt werden soll, geht es um eine Theorie des Erzählens. Doch Romane wie Prousts *Auf der Suche nach der verlorenen Zeit* oder Sebalds *Austerlitz* belegen, dass das Erinnern als eine Art geistiges Ankämpfen gegen die Verluste, die uns die Endlichkeit bereitet, ein verbreitetes Anliegen des Erzählens sein kann.

Dass Zeit und Erzählung eng miteinander zusammenhängen, ist ein Gemeinplatz der Theoriebildung über Erzählungen.[6] Doch dass sich aus diesem Zusammenhang auch ein Bezug zur Weisheit ergibt, ja dass das Erzählen manchmal als eine eigene Weisheitspraxis angesehen werden kann, ist eine weniger verbreitete Einsicht. Denn das, was kommt und geht, sind nicht nur die vergänglichen Einzelwesen, sondern auch *ihre Erfahrungen*. Erfahrungen werden in Erzählungen mitgeteilt. Anders als Erklärungen und Informationen führen diese Narrationen Erfahrungen nicht auf irgendetwas anderes zurück, sondern machen sie anderen deutlich, zeigen auf prägnante Weise, wie es ist, in dieser oder jener Situation als ein Wesen zu sein, das bestimmte Erfahrungen machen kann; etwa im Krieg einen Kameraden zu verlieren (z. B. Achill den Patroklos in Homers *Ilias*), an einer Liebe zu leiden (Hyperion an der Liebe zu Diotima in Hölderlins Roman), von Institutionen ungerecht behandelt (Michael Kohlhaas in Kleists gleichnamiger Erzählung), von der Familie wie ein fremdes Wesen, wie ein Außenseiter betrachtet zu werden (Gregor Samsa in Kafkas *Die Verwandlung*). Manchmal können Leser eine Parallele zu ihren eigenen Erfahrungen ziehen und sich durch diese Narrationen von ihrer eigenen Lage etwas distanzieren, sie besser verstehen. Sie sind ihr dann nicht mehr ganz so ausgeliefert. Diejenige Person, die in einer Erzählung ihre Erfahrungen mitteilt, muss freilich zuvor schon, um diese Mitteilung hervorbringen zu können, eine Distanz erreicht haben. Auch diese Fähigkeit, einen Schritt zurückzutreten von der Situation, in der man sich gerade befindet, gilt als weise. Denn dadurch wird es möglich, wieder nachzudenken, nicht einfach Spielball der involvierten Kräfte zu sein, sich nicht von den eigenen Affekten und Gedanken, die sich selbstständig weiterentwickeln, zu irgendeiner Handlung hinreißen zu lassen, sondern innezuhalten, zu warten.

Ratschläge

Manchmal scheint eine Erzählerin oder ein Erzähler auch »Rat« zu wissen, wie man mit einer schwierigen Situation umgehen könnte. Ihre Erzählung scheint eine exemplarische Handlungsweise oder Einstellung zu zeigen, also doch auf etwas Verallgemeinerbares abzuzielen, wenn auch nicht im Sinne einer erklärenden Theorie. Das ist jedenfalls die Vermutung von Walter Benjamin, der schreibt: »in jedem Falle ist der Erzähler ein Mann, der dem Hörer Rat weiß«.[7] Benjamin kommt diese Charakterisierung selbst »altmodisch« vor. Schon damals (1936) vermutete er, dass Menschen eigentlich keinen Rat durch eine Erzählung mehr suchen, sondern eher nach Erklärungen und Informationen verlangen. Er hat wohl recht behalten. Denn in der sogenannten Ratgeberliteratur, die sich inzwischen besser verkauft als die meisten Romane, wird nicht erzählt, sie teilt selten Erfahrungen mit, sondern vermittelt in der Regel Techniken, heute vorzugsweise aufgrund von Einsichten aus den Neurowissenschaften. Ihre

Ratschläge sind *Anwendungen von wissenschaftlichen Erklärungen*. So soll man etwa »gegen Stress, Depressionen, Ängste, Schmerzen und Verdauungsprobleme« vorgehen können, indem man »mit einfachen Übungen« den Vagusnerv aktiviert.[8] Oder man versucht, mit Neurotechnologien sein impulsives und abgelenktes Verhalten zu disziplinieren.[9] Das scheint aufgeklärt, denn diese Ratschläge beziehen sich in der Regel auf nachprüfbare Erkenntnisse aus den Wissenschaften. Es hat jedoch nichts mit Weisheit oder den Spezifitäten meines Lebens zu tun. Das Leben und seine Erfahrungen sind in dieser Perspektive nichts, was man erzählen könnte, sondern eher ein *Problemzusammenhang*, auf den man richtig oder falsch reagiert. Für dieses Denken ist im Sinne Poppers alles Leben Problemlösen.[10] Manchmal funktioniert die Heizung nicht oder der Computer bleibt hängen, manchmal ist man verzweifelt oder hat Streit mit dem Partner – alles im Prinzip lösbare Probleme. Die Ratgeberliteratur weiß nach technischer Überprüfung und aus wissenschaftlichen Studien, wann man wie gegen den Thermostat klopfen oder den Rechner rebooten sollte, damit beide wieder laufen, wie früh man aufstehen und wie oft man joggen muss, um der Verzweiflung zu entgehen, wie viel Sex und wie viele Gespräche es in der Woche braucht, damit es mit dem Partner klappt.

Der Rat hingegen, der in einer weisen Erzählung stecken mag, ist nicht wissenschaftlich begründet, geht auf keine Studien zurück. Homer hat keine Experimente gemacht oder Achills Hirn gescannt, bevor er von dessen Zorn erzählte. Aber vermutlich hat er Zorn erlebt, Zerwürfnisse in Bündnissen und ihre Folgen selbst gesehen. Die Autorität der Erzählung liegt nicht in Begründungszusammenhängen und Verallgemeinerbarkeiten, sondern in der *Authentizität der Erzählung*, der es gelingt, eine erlebte Erfahrung so zu artikulieren, dass die Artikulation auf die Leserin fast eine ähnliche Wirkung entfaltet wie das eigene Durchleben der Erfahrung. Die Geschichte, in der diese Erfahrung artikuliert wird, kann fiktiv sein, trotzdem merkt die Leserin oder der Leser, dass ihr eine wirkliche Erfahrung zugrunde liegt, sodass wir nach der Lektüre sagen: »Stimmt, so ist das mit dem Zorn, so kann man sich in ihn verrennen, so langfristig sind seine Folgen, so schwerwiegend ist das Leid, das aus ihm entsteht.«

Skepsis

Wer von seinen Erfahrungen berichtet, behauptet nicht, dass er etwas weiß, was für alle gilt. Homer stellt in der *Ilias* keine Theorie des Zorns auf. Achill und den Krieg um Troja gab es nur ein Mal.

In der Erzählung wird aus einer *bestimmten* Perspektive gesprochen, denn erzählte Erfahrungen sind, anders als Laborerfahrungen, die in überall und zu jeder Zeit reproduzierbaren Experimenten gemacht werden können, immer Erfahrungen von jemandem in einmaligen Situationen. Es gehört zur Genauigkeit der Erzählung, die Situation, in der eine Erfahrung gemacht wird, mit darzulegen. Die Erzählung *klammert die Erfahrung ein*, so wie sie im Leben eben auch kontextualisiert ist. Auf diese Weise kann sie das *Schicksal* einer Erfahrung schildern.

Petrus fühlt sich Jesus verbunden. Er kann sich nicht vorstellen, dass er ihm untreu wird. Doch Jesus sagt ihm seinen Verrat voraus. Petrus will das nicht glauben. Dann erzählt das Evangelium das Schicksal der Erfahrung mit dieser Treue und dem Nicht-Glauben an die Prophezeiung, zeigt, wie Petrus erfahren muss, dass seine Furcht (oder sollte man sagen »Feigheit«?) stärker ist als seine Verbundenheit zu Jesus, und wie er darüber verzweifelt. Das ist keine Theorie der Treue oder der Feigheit, sondern eine Erzählung über menschliche Schwäche. In genau derselben Situation wie Petrus war kein Mensch vor oder nach ihm, trotzdem können viele Menschen etwas über Versprechen, Verbundenheit und Schwäche verstehen, wenn sie diese Erzählung lesen.

Die Genauigkeit, die die Schilderung der besonderen Umstände, in denen eine Erfahrung gemacht wird, mit sich bringt, ist keine Schwäche, sondern die Stärke der Erzählung, denn in ihr liegt die Authentizität der in der Erzählung übermittelten Erfahrung und ihre potenziell Rat gebende Kraft. Der Kalenderspruch: »Sei vorsichtig mit Treueschwüren, denn jeder Mensch ist schwach« ist banal und dürfte im Unterschied zur biblischen Erzählung kaum eine Rat gebende Funktion für irgendjemand haben – er vermittelt keine konkrete Erfahrung, sondern reduziert die Komplexität einer in einer bestimmten Situation gemachten Erfahrung, die ein bestimmtes Schicksal hat, auf einen *Spruch*. Da sich die Wirkkraft der Erfahrung auf diese Weise verflüchtigt, sind Erzähler skeptisch gegenüber solchen allgemeinen Aussagen und moralischen Ratschlägen. Offenbar ist mindestens eine von Einzelwesen in bestimmten Situationen handelnde Erzählung nötig, um die Komplexität der Erfahrung überhaupt komprimieren zu können. Deshalb gilt auch umgekehrt: Skeptiker, die allgemeinen Aussagen misstrauen, erzählen gerne Geschichten. So schreibt der pyrrhonische Skeptiker Sextus Empiricus: »Wenn also der Skeptiker sagt: ›Ich bestimme nichts‹, so meint er: ›Mir ergeht es jetzt so, daß ich nichts von dem, was unter diese Frage fällt, dogmatisch setze oder aufhebe.‹ Damit sagt er *be-*

richtend, was ihm über das Vorliegende erscheint, nicht dogmatisch mit Überzeugung äußernd, sondern nur *erzählend*, was er erlebt.«[11]

Mit dieser erzählenden Haltung hält sich der Skeptiker heraus aus den Streitigkeiten jener, die Allgemeinheiten behaupten, weil er deren Streit als Zeitverschwendung betrachtet und sein Leben mit anderen in Frieden (Seelenruhe) verbringen möchte. Die Formel: »ich erzähle nur, wie es mir erscheint …« klammert den behauptenden Inhalt einer Rede ein, scheint vorwegzunehmen, dass es anderen anders erscheinen könnte.

Im Erzählen ist es dem Skeptiker möglich, mit anderen zu kommunizieren, ohne etwas behaupten zu müssen. Wer in der Kommunikation nur das Behaupten kennt, muss, sobald er an ihm verzweifelt, weil er an die Allgemeingültigkeit seiner Behauptungen nicht mehr glauben kann oder einen Sturm von Widerworten in seinen Gegenübern entfacht, in Schweigen verfallen. Das ist zwar auch eine skeptische Option, doch nicht die, die Sextus wählt. Das Erzählen ist die andere: eben die der *Einklammerung* des Behauptungsgehaltes der eigenen Rede.[12]

Manchmal wird eine solche Einklammerung als ein psychologischer oder rhetorischer Trick betrachtet, mit dem sich jemand, der seine eigene Sichtweise eigentlich doch als allgemein gültige Behauptung *allen* ansinnen möchte, dem Widerstand der Debatte zu entziehen versucht. So hat sich etwa der streitbare utilitaristische Philosoph Peter Singer über den mit dem Literaturnobelpreis ausgezeichneten Erzähler J. M. Coetzee echauffiert, als jener zu einem theoretischen Vortrag eingeladen war und aus einer Rede seiner tierethisch engagierten Romanfigur Elizabeth Costello vorlas. Singers Meinung nach entzog sich Coetzee mit dieser erzählerischen Figurenrede der eindeutigen Stellungnahme.[13] Doch Singer versteht nicht, worum es dem Erzähler Coetzee geht: nicht um seine eigene Meinung und ihre möglichen Begründungen. Es geht ihm auch nicht um die Verteidigung seiner Position, wie in einer Schlacht, wo eine »Stellung gehalten« werden muss. Er tritt vielmehr zu seiner Position in Distanz, weil er oft genug die Erfahrung gemacht hat, dass sich Meinungen *ändern* können. Dem *skeptischen* Erzähler geht es deshalb vor allem um das genaue Darstellen des *Schicksals* von Meinungen, Überzeugungen, Positionen und den Erfahrungen, die man macht, wenn man sie äußert. Coetzee argumentiert nicht einfach gegen die Massentierhaltung. Er zeigt in seiner Erzählung, wie es jemandem ergehen kann, der gegen Massentierhaltung argumentiert. Es mag einem dogmatischen Philosophen wie Peter Singer egal sein, welches Schicksal seine Argumente haben, ob sie durchdringen oder untergehen. Und es ist richtig, dass die Pyrrhonikerin sich nicht in die Debatten der Dogmatiker hineinbegeben will. Doch sie meidet diese Debatten nicht unbedingt aus »Feigheit vor dem Feind« (wenn es auch ängstliche Skeptiker geben mag), sondern aus Liebe zur Genauigkeit.

Behauptungen, dass etwas für alle und zu jeder Zeit so und so ist, haben sich fast immer als falsch erwiesen: Nicht alle Schwäne sind weiß, obwohl mir bisher nur weiße erschienen sind. Erzählerinnen sind nicht nur genauer, sondern auch vorsichtiger als Behaupter. Vorsicht ist etwas anderes als Feigheit, denn sie ist selbst die Frucht von Erfahrung. Vielleicht kann man die Vorsicht deshalb – neben den Fähigkeiten, mit der Endlichkeit der Einzelwesen zurande zu kommen und zur eigenen Situation in Distanz zu treten – als ein drittes Kennzeichen der Weisheit ansehen.

Pyrrho und Homer

Der antike Philosophiehistoriker Diogenes Laertius, der im elften Kapitel seiner Berichte über das Leben und die Lehren der Philosophen auch über Pyrrho schrieb, erinnert daran, dass manche bereits Homer als den Gründer der skeptischen Schule ansahen, »denn auf dieselbe Frage gibt er [Homer, MH] mehr als irgendjemand anders immer *verschiedene* Antworten zu *unterschied-*

lichen Zeiten und ist niemals ganz bestimmt oder dogmatisch in seinen Antworten«.[14] Damit ist ein weiterer Zug der Erzählung angesprochen: Da sie keinen Behauptungszusammenhang darstellt, strebt sie anders als die Theorie nicht nach *Kohärenz.* Dass Achill einmal brutal und rasend und ein anderes Mal mild und freundlich gezeigt wird, mag dem Einfältigen die Frage entlocken: »Ja, was ist dieser Achill denn nun, ein Wüterich oder ein Sanftmütiger?« Die Tatsache, dass Homer nicht behauptet, Achill sei so und so, sondern ihn in unterschiedlichen Situationen unterschiedlich schildert, ist ebenfalls dem Streben nach Genauigkeit geschuldet, das gute Erzähler an den Tag legen. Und auch daraus lässt sich etwas lernen: Wer, wie Achill, in der Schlacht eine brutale Kampfmaschine ist, kann abends im Zelt liebevoll mit seinen Geliebten umgehen. Wer im Krieg der größte Täuscher ist, wie Odysseus, kann bei seiner Ehefrau wahrheitsliebend sein. Auch soll Pyrrho die Zeilen Homers, in denen dieser das schnell vergehende menschliche Leben mit dem der Blätter auf den Bäumen vergleicht, häufig zitiert und Homers Ansicht zugestimmt haben, dass die Zunge der Menschen sehr biegsam sei – die klassischen Weisheitsthemen der Kürze des menschlichen Lebens und der Wankelmütigkeit des menschlichen Geistes finden sich bei dem Dichter prägnant dargestellt.[15]

Auf den ersten Blick mag es ungewöhnlich erscheinen, einen Dichter als Begründer einer Philosophenschule anzusehen. Doch Pyrrho hat selbst ja gar keine institutionelle Schule wie die Platonische Akademie oder die Epikuräischen Gärten gegründet, sondern nur einige sporadische Anhänger in seinem ansonsten offenbar als Privatier geführten Leben gehabt. Es geht hier um so etwas wie *eine Art zu denken*, die man eben auch in einer erzählenden Dichtung vom Kaliber der Homerischen Epen antreffen mag und die sich jemand, der sich um Weisheit kümmert, zu eigen machen kann, um der behauptenden Philosophie etwas entgegenzusetzen.

* * *

Elisa Duca

Lost in Hong Kong (Unbalanced)

Performing Objects, 2020, fortlaufende Serie, Nachguss einer Wasserflasche aus Hongkong; verschiedene Silikone, Kunstharz, Kleidungsstücke, Zuckerwatte, Haarfärbemittel, Kunsthaare, Pflanzen, Popcorn, Piercings, Schaumstoff; 570 ml (je Flasche).

Ausgangspunkt der Serie ist die Abformung einer in Hongkong weitverbreiteten Wasserflasche, gefüllt mit in Kunstharz oder Silikon eingegossenen organischen und anorganischen Materialien, die angeregt werden, miteinander zu reagieren und Sinn zu produzieren. Die Substanzen werden in einem Zustand der Hilflosigkeit eingegossen, und die Reaktion wird zu einem zufälligen Zeitpunkt unterbrochen. Zum Teil bestehen sie aus vergänglichen Materialien, manche sind fluoreszent.

Die Materialien offenbaren im Stillstand ihre eigene Performativität. Die Objekte sind Performer, ein kleines Ensemble, dem man menschliche Eigenschaften zuschreiben kann. Gleichzeitig sind sie zeitgenössische Fossilien. Sie erzählen von unseren prä-*posthuman times*, von der Gleichzeitigkeit der Welt, von neuen Mischungen aus Mensch und Ding, organischem und anorganischem Material. Die Flaschen sind Behältnisse einer Ursuppe der Gegenwart.

Mein künstlerisches Forschungsinteresse richtet sich auf die Grenze von Kunst, Spiritualität/Metaphysik und Wissenschaft, vor allem auf die Performativität von stofflichem Material, das wir gewöhnlich für tot halten. Graham Harman, Timothy Morton und deren Spekulativem Realismus folgend, gehe ich versuchsweise davon aus, dass Dinge eigene Handlungsmacht haben, *agency*.[1] Mit dieser Grundannahme stelle ich mich den

Dingen, die ich der Wirklichkeit entnehme und die ich zum Gegenstand und Material der Nebenwirklichkeit meiner Arbeit mache.

Der Spekulative Realismus betreibt eine Auflösung der Hierarchie zwischen dem, was wir normalerweise als Subjekt und Objekt verstehen. Genau diese Auflösung – und das aller Auflösung innewohnende Versprechen einer neuen Art von Halt – ist es, die mich in meiner künstlerischen Praxis interessiert. Von Vorgängen der Auflösung fasziniert, suche ich Halt.

Als Künstlerin habe ich den Anspruch an mich selbst, in der Gegenwart zu leben und mit ihr im Austausch zu stehen. Meine künstlerische Forschung ist immer auch auf eine praxisbezogene Bestimmung des Gegenwärtigen ausgerichtet.

Zu dieser Gegenwart gehört etwa eine neue Form von Gestein, das Anteile von Plastik aufweist – Plastiglomerate, wie sie von der Geologin Patricia Corcoran untersucht worden sind. Die Erzeugnisse der Fast Fashion halten manche Forscher*innen für »Fossilien der Zukunft«.[2]

In diesem Sinne sind meine Objekte der »Lost in Hong Kong«-Serie Fossilien der Gegenwart. Was nicht zueinandergehört, muss, von mir dazu gezwungen, einander aushalten, für alle Ewigkeit oder doch wenigstens eine unbestimmbar lange Zeit. Auch ich muss aushalten, was sich im Gefäß meiner Gussform an Reaktionen vollzieht und letztendlich meiner Kontrolle entzogen ist. Wenn irgendwo in meinem künstlerischen Prozess Weisheit abgebildet wird, dann vielleicht am ehesten im Inkaufnehmen dieses Kontrollverlusts. Wenn irgendwo im Weiterleben dieser Objekte Weisheit abgebildet wird, dann vielleicht im Inkaufnehmen ihres Verfalls.

* * *

(19. Dezember 2019, 21:23, mitteleuropäische Zeit)

Lieber Phil,

wie geht es Dir? Wir haben schon wieder länger nichts voneinander gehört.

Aber um uns soll es heute gar nicht gehen. Du bist einer der wenigen Menschen, mit denen ich über alles sprechen kann (ich meine *wirklich alles*!). Also: Ich mache mir größte Sorgen um Marlene. Sie hat sich seit Wochen nicht mehr bei mir gemeldet. Bei Instagram gibt's noch all die schönen Fotos zu sehen (ihren Loft, ihr Trekkingrad, die beiden Katzen), aber seit 48 Stunden hat sie nichts Neues mehr eingestellt. Ihr Handy ist tot. Ich habe gerade bei ihrem Chef angerufen; dort hat man mir nur gesagt, sie habe sich zwei Wochen Urlaub genommen. Mir hat sie davon kein Wort erzählt. Du weißt, es gab einmal eine Zeit, da haben Marlene und ich wirklich jeden Tag telefoniert, ganz gleich in welcher Zeitzone wir rumgetigert sind. Und wie oft sind wir zusammen verreist: die Reise nach Tunesien 2006, Südafrika 2007, die zwei Monate in Patagonien, New York 2015, Sydney 2016 …! Aber sie hat ja immer schon viel für sich behalten. – Du hast oft gesagt, man wisse bei Marlene nie wirklich, was sie eigentlich im Leben wolle. Natürlich, jeder Mensch hat viele Gesichter. Aber ich habe jetzt einfach nur Angst. Vielleicht hat sie sich kurzentschlossen in ein Auto gesetzt und ist zu einem Wasserfall rausgefahren oder direkt in die Wüste. (Das ist ja so einer ihrer Urwünsche: in der Wüste verschwinden!) Außerdem wirkt sie schon seit einiger Zeit immer so bedrückt, fast schon depressiv.

Bei unserem letzten Skype-Gespräch (am 13. Dezember) war sie merkwürdig benebelt, beinahe so, als hätte sie Tabletten genommen. Ich habe bemerkt, dass sie in den letzten Wochen bei unseren Telefonaten immer eine halb leere Flasche Wein im Hintergrund stehen hatte, fast so, als wollte sie mir damit etwas sagen. Im Herbst 2010, in München, hatte sie ja mal richtig ausgewachsene Alkoholprobleme. Du erinnerst Dich bestimmt, wir haben uns alle den Kopf zerbrochen, wie man ihr helfen könnte …

Komisch. Jetzt habe ich Dir mal wieder eine richtig lange Mail geschrieben. Eigentlich hätte ich Dir das alles ja am Telefon erzählen wollen, aber Dein Handy ist stumm gestellt, im Büro bist Du nicht zu erreichen und bei Dir zu Hause nimmt nur die mexikanische Putzfrau ab. (Nur dass Du's weißt: Ich habe ihr schon alles erzählt, und bestimmt sieht sie in mir jetzt ein weiteres einsames Herz aus dem Leben ihres wunderwirkenden *jefe*!) Melde Dich doch NOCH HEUTE (Berliner Zeit bitte!).

LG
Anna-Lena

* * *

(Irgendwann.)

Hallo Timothy,

neulich habe ich im Fernsehen gesehen, dass sie in Japan einen Roboter entwickelt haben, der vierundzwanzig Stunden pro Tag buddhistische Sutren rezitiert. Was denkst Du, ist so ein Gerät weise?! Diese Frage treibt mich seit einigen Tagen um. Schreib mir doch mal, was Dir dazu einfällt.

Grüße
Phil

* * *

(20. Dezember 2019.)

An Alle

Niemand hier wird mich kennen. Oder doch?! Ich weiß nicht mehr genau, warum ich auf diese Liste geraten bin. Ich weiß nur so viel, dass ich mich seit Wochen nicht mehr konzentrieren kann und in einem Emotionswirrwarr gefangen bin. Mein Neffe Theo in Mecklenburg-Vorpommern hat jetzt gerade seine Nachprüfung in Französisch. Ich müsste ihn eigentlich anrufen. Aber er wird nur denken, was will hier jetzt die alte Schachtel aus Amerika, und ich fühle mich dann wie seine andere Tante Heike, eine Krankenschwester in Goslar, die einen Gospelchor leitet und ihre Grüße immer mitsamt Trompetenvideos und Gesangseinlagen verschickt. Das ist wirklich nicht mein Ding.

Dabei müsste ich mich nur den Verpflichtungen der äußeren Welt beugen.

Aber das gelingt mir nicht. Ich suche den Mut zur Hingabe, das Loslassen der Gewissheiten, doch auch das will mir nicht gelingen. Manche Frauen verlieben sich partout immer in den falschen Mann. Deshalb würde ich jetzt gern einen Mietwagen nehmen und in die Mojave-Wüste fahren. Google zufolge sind das allerdings mindestens

38 Stunden Fahrtzeit. Kriege ich das in meinem Zustand noch hin?!

Es macht mir Angst, dass all mein innerer Aufruhr nur zu Schmerz führt.

Ich kann nicht mehr weiter schreiben …

zaubermirfreudeinsherz@gmx.de

* * *

(Wenig später.)

Hallo,

was ist denn jetzt passiert?! Jemand hat sich in unseren Kettenbrief eingeklinkt, um über persönliche Empfindsamkeiten zu schreiben?! Mit unserem Thema hat das, so weit ich sehe, aber überhaupt nichts zu tun; da man bei solchen Gruppendiskussionen sowieso schnell vom Hölzchen aufs Stöckchen kommt, schlage ich vor, dass wir die Person aus unserer Adressliste streichen. (Vielleicht ist das Ganze auch nur ein schlechter Scherz; zaubermirfreudeinsherz@gmx.de hört sich weiß Gott nicht sehr ernsthaft an.)

Freundliche Grüße
Anton

Apropos beim Thema bleiben: Weiß jemand, wo der zweite Teil des Kalligrafietextes steckt?

* * *

(Auch irgendwann.)

Lieber Phil,

Deine letzte E-Mail hat mich aber ganz schön verwirrt! Eigentlich interessiert es mich nicht, was ein Roboter so denkt und ob er Weisheit erlangen kann. Also: Ich habe mich gefragt, warum es Dich interessieren sollte, nur kam mir keine gute Antwort. :-)

Kann nur so viel sagen: Da ein Roboter keinen Körper hat & damit auch nicht geboren wird oder sterben muss, besitzt er nicht die Fähigkeit zur SORGE (bingo: der olle Heidegger!). Und wenn er keine SORGEN hat, kann er sich auch nicht mit diesen SORGEN auseinandersetzen und auf diese Weise der Scheinhaftigkeit des GANZEN gewahr werden. Mehr fällt mir dazu beim besten Willen nicht ein.

(Denkst Du etwa daran, mit Deiner Firma in den ostasiatischen Markt für spirituelle Bedürfnisse einzusteigen?! Wenn Du mal zu mir nach Taiwan (!) kommst, bring ich Dir das nötige Insiderwissen bei. Großes Indianer-Ehrenwort!!)

Beste Grüße vom Surfbrett
Timothy

* * *

(Kurz vor der Jahreswende.)

Liebe Anna-Lena,

sorry, dass ich mich jetzt erst melde! Was Du über Marlene schreibst, hat mich richtig erschrocken. Ich möchte ihr gern helfen. Nur wie soll das gehen?! Ich bin in den nächsten zwei Wochen völlig ausgebucht, mein Chef hat gerade sein drittes Kind bekommen, und ich muss wie crazy Überstunden machen. Der Pensionsfond, in dem unser ganzes Geld steckt (Doris, die Kinder!!), ist kurz vor dem Absturz, außerdem trinke ich viel zu viel, fühle mich wie ein Hochstapler.

Anbei sende ich Dir ein Selfie, wie ich heute morgen mit meinen versifften, alten Turnschuhen am Strand von Malibu gejoggt bin, dabei muss ich immer an Dich denken, Deinen tollen Körper … nicht dass ich irgendwas bereute, aber vielleicht war es ein Fehler, ich verliere langsam den Überblick.

Nur fürs Protokoll: Das mit Marlene geht mir nah, aber ich kann mein Leben hier jetzt nicht versieben! Lass uns Sonntag dazu telefonieren, bei mir geht es heute und morgen nicht. (Bitte keine Nachrichten, die lösche ich alle ungelesen!)

Dir natürlich einen guten Rutsch!

Dank und Gruß
Phil

* * *

(5. Januar 2020.)

Sehr geehrte Damen und Herren,

ein auch mir bekannter hessischer Künstler hat neulich ein Kunstwerk an meine Gattin verkauft, in dem (wenigstens in meinen Augen) viel geheimes Erd- und Waldwissen gespeichert ist. Ich hänge Ihnen zwei Fotos an und würde mich über Ihre Meinung freuen.

Mit besten Grüßen aus der wunderschönen
Domstadt Köln
Clemens Ackermann

* * *

Liebe Freundinnen und Bekannte,

hier jetzt endlich der zweite Teil des Kalligrafietextes.

Herzliche Grüße
Euer Torsten

* * *

Andreas Walther

Unbenannt #4/ 2014

Diptychon, je 21 x 31,5 cm, Pigmenttinte, Velvet Fine Art Papier
Schutzlack, MDF-Platten.

Kai Marchal

Versuch über das Schreiben oder vom Durchlässigwerden der Innenwelt zur Außenwelt (und umgekehrt), Teil zwei

4

»Das Medium Schrift kehrt seine Kälte hervor«, schrieb Friedrich Kittler, »es ist Archivieren und sonst nichts. Deshalb kann es das Leben nicht ersetzen, sondern nur erinnern, wiederholen, durcharbeiten.«[1] Eine solche Kälte steckt grundsätzlich natürlich auch in der chinesischen Schrift. Aus philosophischer Perspektive mag Derridas Vorstellung, dass uns in der chinesischen Schriftsprache eine Alternative zum abendländischen »Logozentrismus« vorliege, faszinierend klingen; linguistisch ist sie längst widerlegt: Das Schreiben verhielt sich auch im klassischen China parasitär zum Sprechen, denn auch dort hielten sich die Menschen gewöhnlich zuerst an die gesprochene Äußerung, bevor sie diese niederschrieben (nur sehr wenige chinesische Schriftzeichen sind Piktogramme; in den meisten Fällen enthält die Struktur eines Zeichens einen direkten Hinweis auf die

Aussprache des dazugehörigen Wortes).[2] Viele, die sich der Schriftsprache bedienten, hatten den Wunsch, sich selbst adäquat zu repräsentieren, bestimmte Aspekte ihres Lebens zu archivieren und auf diese Weise womöglich sogar zu verewigen. Historisch betrachtet ist das Schreiben deshalb eng verbunden mit Machtstrukturen und politischen Ordnungsdiskursen.[3] Gerade ein Konfuzianer wie Yan Zhenqing verkörpert einen Willen zur Selbstdisziplinierung und rituellen Überformung von Körper und Geist, der nur zu gut zu einem traditionellen Erziehungswesen passte, das oft genug mehr auf die Normierung kindlicher Körper setzte als auf die freie Entfaltung ihrer Vorstellungskraft. Nicht umsonst wird seine Schrift häufig mit dem Wort *zheng* 正 in Verbindung gebracht, das für Werte wie Rechtschaffenheit und Geradlinigkeit, aber auch für Unnachgiebigkeit steht. Niemand durfte einfach so losschreiben, jeder musste erst einmal »beim Altertum in die Lehre gehen«, wie man es auf Chinesisch nennt (*shi gu* 師古), und das hieß: jahrelang die Schriftproben der großen Meister kopieren, ihren Stilformen und Traditionslinien nachschreiben, um (vielleicht) irgendwann einmal die Hoffnung nähren zu dürfen, etwas Eigenes zu entwickeln.

Natürlich könnte Ähnliches über alteuropäische Erziehungswelten berichtet werden. So weiß der Schweizer Schriftsteller Robert Walser, der sich mit seiner schönen Handschrift Anfang des 20. Jahrhunderts in einer Zürcher »Schreibstube für Stellenlose« ein spärliches Auskommen verdient hat, einiges von kindlichen Schreibleiden zu erzählen. Davon abgesehen sollten wir aber nicht vergessen, dass auch in vormodernen Lebensformen Individuen ihre Subjektivität im kalligrafischen Medium entfalten, ihre ureigensten Erfahrungen festhalten und auf diese Weise den Möglichkeitsraum ihrer Zukunft in einer gemeinschaftlichen Übungskultur gestalten konnten. Es war hier eine eigentümliche Dialektik am Werk: Der rigide Drill zur richtigen Handschrift verhalf zum Erfolg in den staatlichen Prüfungen und damit zur Aufnahme in die Beamtenschicht, die Reichtum, soziales Prestige und einen größeren Spielraum für die Erkundung neuer Lebens- und Ausdrucksformen verhieß. In den oft stark ritualisierten, höfischen Zusammenhängen konnte man sich mit einem anmutigen Schreibstil geschickt in Szene setzen (so warf der bereits erwähnte Yan Zhenqing in einem anderen, sehr berühmt gewordenen Brief einem Minister vor, bei einem Bankett einen rangniederen Eunuchen auf den Ehrenplatz gesetzt zu haben); wer es vermochte, den vom Kaiser geschätzten Schreibstil zu treffen, durfte sich den Zuspruch einflussreicher Förderer erhoffen.[4] Ansonsten konnte man das eigene Gekritzel aber auch nur einem intimen Zirkel von Gleichgesinnten unterbreiten oder einfach Liebesgedichte schreiben.

Erstaunlich viele Menschen der Vergangenheit haben sich in der chinesischen Schrift wiedererkannt – und nicht wenige tun es auch heute noch. Der Pinsel, die Tinte und das Papier sind »sedimentierter Geist« im Sinne Theodor W. Adornos, d. h., die Materialität selbst ist durchwirkt von überlieferter Erfahrung und spiegelt damit gesellschaftliche, nicht rein subjektive Vorentscheidungen wider.[5] Dennoch kann es auf den Einzelnen wirken, als würde er sich in der Unmittelbarkeit des Schreibens, in der meditativ gedehnten Zeit, die Welt frei aneignen. Spätestens in der Frühen Neuzeit, als die Menschen begannen, ihre eigenen Meinungen zu haben, und einen gewissen Individualismus hochhielten, zeigte sich in der Dynamik von Stille und Bewegung auf dem Papier eine neue Form von Innerlichkeit. In dem winzigen Raum eines Schriftzeichens, ja eines einzelnen Strichs konnten Schreibende beiden Geschlechts ihren Eigensinn ins schier Unendliche schießen lassen.

Bei einem Dichter der Ming-Dynastie (1368–1644) hört sich das so an:

> Viele menschliche Tätigkeiten, zum Beispiel Weihrauch abbrennen, Tee kosten, den Tuschstein waschen, auf der Zither spielen, Bücher sortieren, sich am Mondlicht erfreuen, auf den Klang des Regens hören, Blumen gießen, sich an eine hohe Brüstung lehnen, ein Divinationsbrett betrachten, auf und ab gehen, sich in der Sonne bräunen, fischen, Gemälde betrachten, sich in Frühlingswasser waschen, mit einem Stock umherschweifen, den Buddha anbeten, Wein probieren, meditieren, klassische Texte durchblättern, in die Berge schauen, alte Schriftproben nachziehen, Kerben in Bambus schneiden oder die Kraniche füttern, können in der Einsamkeit genossen werden.[6]

Es ist wohl so, dass wer mit den Fingerspitzen über die Dinge streifen kann, ganz verloren in der Anschauung des Unmittelbaren, in ihnen einen unberührten Glanz entdecken wird.

5

Von Anfang an ging es bei dem Schreiben mit dem Pinsel um Bedeutungen jenseits der Sprache. Die Kulturtechnik des Schreibens mit dem Pinsel führt offenbar leicht an einen Punkt, wo Sprache so unbestimmt und schier bedeutungslos wird, dass alle Identität, alles Vorausgesetzte zerfließt und nur noch die individuelle Erfahrung zum Ausdruck kommt.

Ein Beispiel:

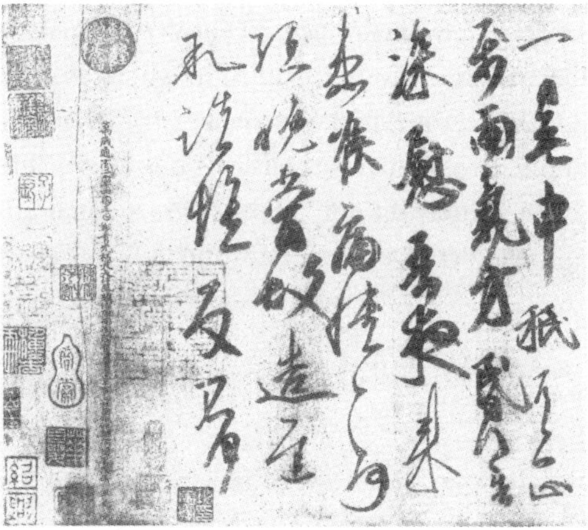

Wang Zhi 王志, *Hou tong tie* 喉痛帖.

Man kann die Schriftzeichen gut entziffern; sie sind sauber geschrieben, mit einem besonderen Schwung. Es handelt sich um eine einfache Grußkarte. Wang Zhi (460–513 n. Chr.) beschreibt zuerst das Wetter, um dann (in der dritten und vierten Spalte von rechts) unvermittelt auszuführen: »Halsweh seit letzter Nacht; bin ganz durcheinander.« Die Schreibbewegungen scheinen an dieser Stelle eigenwilliger, beinahe so, als habe der Schmerz die Hand des Schreibenden geführt. Natürlich können wir uns an die Bedeutung dieses Satzes halten; nur wird der Blick sehr leicht auf die nicht-propositionale Dimension gelenkt, die empfundene Bewegung, ja die Anwesenheit des schmerzenden Körpers. Selbst wenn wir den Schmerz des Anderen nie wirklich teilen können, ist ein Verstehen dieser anderen Dimension prinzipiell möglich (es gibt ja auch nicht-propositionales Verstehen). Tatsächlich geht es im ästhetischen Diskurs des alten China immer wieder um die Einzigartigkeit solcher im Schreiben verkörperter Erfahrungen.

6

Spätestens an dieser Stelle ist eine gewisse Vorsicht angeraten. Dem ungeübten Blick erscheint alles Mögliche als Ausdruck eines »höheren Zustandes«, gerade das eigentlich Belanglose: die versunkene Haltung des Meisters, die Dramatik der Handbewegungen, die Länge des Schreibgeräts (manchmal ein Meter lang und mehr), das schleißige Papier. Dann sind wir schnell bei Exotisierungen und unpassenden Überhöhungen. Es braucht viel, sehr viel Zeit, um tatsächlich in diese andere Schreibwelt einzutauchen. Wer diese Zeit nicht hat, bleibt leicht außen vor. Ausmalbücher für Erwachsene sind niedrigschwelliger, erfüllen aber vielleicht eine ähnliche Funktion.

Durch die Jahrtausende waren Menschen in Ostasien der Überzeugung, das Schreiben mit Tusche und Pinsel verhelfe zur Ansammlung und Aufspeicherung von Lebenskraft. Wer täglich tausend oder mehr Zeichen schreibe, heißt es, könne sich erhoffen, ein hohes Alter zu erreichen und Weisheit zu erlangen.[7] Offenbar besteht die Vorstellung, dass die für diese Praxis erforderliche Aufmerksamkeit zu mehr Ausgeglichenheit führt, zu innerer Ruhe und einem sicheren Urteil, ja sogar zu einer weitergehenden Verwandlung des Körpers, die der verfließenden Zeit etwas entgegensetzen kann. In vielen traditionellen Biografien wird genau diese Weisheit in der Gelassenheit gepriesen, also die Fähigkeit, ganz präsent zu sein und sich doch aus der Situation herausnehmen zu können. (Wie viele Menschen diese Weisheit tatsächlich besessen haben, ist unklar.)[8]

Das Schreiben als spirituelle Übung ist im Buddhismus besonders verbreitet. Bekannt sind die japanischen Zenmeister, zum Beispiel Dogen Zenji (1200–1253) und Hakuin Ekaku (1686–1769), für die das Sich-Üben mit dem Pinsel offenbar den gleichen Rang wie die Meditation besaß.[9] Die beiden haben in der Einsamkeit über Tage, ja Wochen hinweg Sutren kopiert. Aber auch im 20. Jahrhundert finden sich ähnliche Beispiele. Da ist etwa Hong Yi (1880–1942). Er durchlief in Japan ein Studium der europäischen Malerei und Musik und ließ als einer der ersten Pädagogen in China seine Schüler Aktmodelle zeichnen. Im Jahr 1918 wurde er jedoch Mönch; fortan schrieb er immer wieder Texte mit buddhistischem Bezug. Im Alter waren seine Zeichen so kindlich dünn, dass sie keine Bedeutung mehr zu besitzen scheinen, ohne jedes Ich-Bewusstsein. Angesichts der universalen Leere muss auch die Schriftlichkeit zurücktreten. Im September 1942, wenige Tage vor seinem Tod, schrieb er diese vier Zeichen:

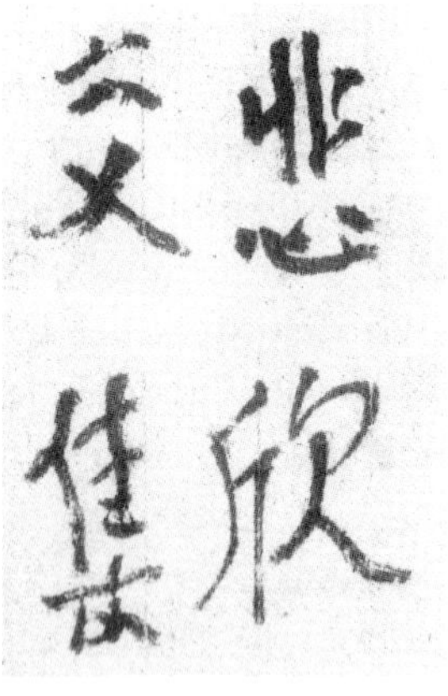

Hong Yi 弘一, *Bei xin jiao ji* 悲欣交集.

Ein einfacher Gedanke: Freude und Trauer durchdringen sich, in einem menschlichen Leben. Die Zeichen wirken geringfügig und fade, ein wenig wie Giorgio Morandis berühmte Flaschen. Und doch: *Wie* dieser Gedanke da aufgeschrieben worden ist, in einem geheimnisvollen Moment mitten im Krieg, kann einem den Boden unter den Füßen wegziehen.

In der ostasiatischen Schreibkunst (anders als in der Ölmalerei) darf der Pinsel jede Stelle auf dem Papier nur einmal berühren, deshalb ist es streng genommen auch nicht erlaubt, im Nachhinein Korrekturen vorzunehmen. Interessanterweise verkörpert das Schreiben mit dem Pinsel somit auch den Gedanken, dass die Erscheinungswelt nur jeweils *jetzt*, also: *einen Augenblick lang*, anwesend ist. (Der Augenblick, in dem ein Pinsel sehr kurz einmal das Papier berührt.) Beim Rezipieren eines fertiggestellten Werkes entsteht leicht wieder der Eindruck der zeitlichen Kontinuität, so als wäre das Ganze tatsächlich vollständig in der Wahrnehmung präsent; doch ist dies genau genommen nie der Fall. In einem ähnlichen Sinne erscheint der Feuerkreis wirklich, den eine schnell geführte Fackel in die Luft zeichnet; in Wahrheit gibt es ihn jedoch gar nicht. – Dazu ist die Erläuterung notwendig, dass die Überzeugung von der augenblicklichen Existenz im Mahāyāna-Buddhismus weitverbreitet ist. Streng genommen handelt es sich nicht um eine philosophische oder metaphysische Behauptung über die Welt, denn ähnlich wie im antiken Skeptizismus finden sich bei Denkern wie Nāgārjuna (2./3. Jahrhundert n. Chr.) keine Behauptungen oder theoretisch formulierbare Aussagen über die Welt, wie sie jenseits der Erscheinungen wirklich beschaffen ist. Die Leser sollen vielmehr durch eine konsequent betriebene Sprachkritik an den Punkt geführt werden, wo es ihnen möglich wird, den sie im Alltag stetig begleitenden Wunsch nach Beständigkeit zu überwinden und eine transformative Erfahrung der Grundlosigkeit menschlicher Existenz zu machen (d. h. der universalen Leere).[10] Auch die buddhistisch angeregte Schreibende behauptet nichts über die Welt, sondern versteht ihre Tätigkeit als eine Einübung in die Leere. Ab einer bestimmten Übungsstufe wird der Pinsel nicht mehr von einem Ich gelenkt, sondern fliegt wie von selbst über das Papier.

Offenbar liegt hier auch ein anderes Verhältnis zwischen Mensch und Natur vor, als viele es in der säkularen, hypertechnologischen Moderne für selbstverständlich halten. Der chinesische Kalligraf Huai Su (737–799) soll einer berühmten Anekdote zufolge beim Betrachten der vorüberziehenden Sommerwolken eine tiefe Einsicht in die Leere erlangt haben.[11] Es geht beim Schreiben darum, die Bewegungen der Natur selbst einzufangen, sodass die Tinte wie Quellwasser aus dem Pinsel fließt – menschliche Absichten versickern in natürlichen Prozessen.[12] Wahrscheinlich ist es ein zentrales Paradox der chinesischen Kultur, dass sie durch das künstlichste Medium überhaupt, ein hochkompliziertes Schriftsystem, zurück zur Natur und damit zum absoluten Gegenteil von Naturbeherrschung will, nämlich der Unmittelbarkeit elementarster, unwillkürlich und absichtslos ausgeführter Bewegungen. Bei dem bereits erwähnten Robert Walser heißt es: »Ich schätze nur Erfahrungen, und die sind in der Regel von allem Denken und Vergleichen vollkommen unabhängig. So schätze ich an mir, wie ich eine Türe öffne. Im Türöffnen liegt mehr verborgenes Leben als in einer Frage.«[13] Nur dürfen wir nicht vergessen, dass auch das richtige Türöffnen geübt sein will, wieder und wieder, um schließlich ganz natürlich und ohne Ablenkung zu geschehen. In diesem Sinne haben sich Menschen wie der Mönch Hong Yi darum bemüht, »karg« oder »ungeschliffen« zu schreiben (*sheng* 生).

7

In einer Vorlesungsreihe im Jahr 1992 hat Francisco J. Varela in Auseinandersetzung mit Neurobiologie und Kognitionswissenschaft ein interessantes Modell der Weisheit entwickelt. In seinen Augen ist für ein weises Leben »ethisches Know-how« notwendig, das sich Individuen nicht in Form theoretischer Kenntnisse aneignen, sondern pragmatisch und stufenweise, in der direkten

Begegnung mit anderen Individuen, in konkreten Praktiken und durch die Auseinandersetzung mit den unser Leben prägenden Gewohnheiten. Varela beschreibt einen Lernprozess mit Übungen zur Herausbildung von Achtsamkeit und situativer Sensibilität, an dessen Ende sich die Individuen der »Virtualität des Selbst« gewahr werden: Jenseits der konkreten Kontexte, in die wir jederzeit eingebunden sind, gebe es überhaupt kein Zentrum oder unwandelbares Selbst. Weisheit bestehe darin, sich von Moment zu Moment (die »nowness«: 200–500 Millisekunden) der virtuellen Beschaffenheit des eigenen Selbst bewusst zu sein und dementsprechend zu handeln.[14]

In vieler Hinsicht ähnelt die ostasiatische Schreibkunst einer Weisheitsübung im Sinne Varelas.[15] Der Übende lernt, die eigene Aufmerksamkeit zu steigern und die Selbsterfahrung zu vertiefen. Durch den schreibend neu konstituierten Selbstbezug ergibt sich eine alternative Perspektive, ja vielleicht sogar eine Klärung der Wirklichkeit selbst, jenseits der eigenen Egozentrizität – nicht im Gespräch (wie bei Sokrates), sondern in der Konzentration auf ein winziges Stück Welt. Das Schreiben ist also eigentlich nicht welthaltig, sondern *weltabgewandt*.

Der Zusammenhang zwischen Schreiben und der Erlangung von Weisheit ist gewiss nicht zwingend. Der in der Übung erschriebenen Weisheit dürfte immer ein Moment des Zufälligen, der Unverfügbarkeit zu eigen sein. Gleiches gilt gewiss für viele andere Weisheitspraktiken: Auch die Meditierenden, die Yoga-Geübten, die Leserinnen philosophischer Texte von Marc Aurel, Ludwig Wittgenstein oder Stanley Cavell werden in ihrem Leben manchmal törichte Entscheidungen treffen.[16] Man kann auf so viele Weisen scheitern, wie ja ohnehin eine enorme Spannung zwischen dem Schreiben mit dem Pinsel und unserer modernen Lebensform besteht. Schon der Wert der »Meisterschaft« ist in unserer digitalen, entsinnlichten, totalflexibilisierten Gegenwart für viele kaum noch nachvollziehbar. Weil wir alle viel zu sehr vom Fortschritt besessen sind, gewinnen wir schnell den Eindruck, die uralten Praxisformen in China und Japan würden sich seit Jahrtausenden im Kreise drehen.[17]

Doch gerade weil da so eine andere Form von Bewegung geübt wird, steckt in der ostasiatischen Schreibtradition vielleicht etwas Zukünftiges, das nur darauf wartet, von uns entdeckt zu werden. Schreibbesessene und Grafomane gab es auch in der abendländischen Kultur zur Genüge, man denke nur an Stéphane Mallarmé, Ezra Pound, Arno Schmidt – oder an Lajos Szabó, dessen zeichnerische Meditationen über den Holocaust auch von der ostasiatischen Schreibkunst inspiriert waren.[18] Sehr oft wurden ihre Obsessionen aber von kulturellen Verlustängsten befeuert, denen man sich heute nicht mehr so einfach ausliefern möchte: »Wie die einsame Ameise aus dem verheerten Ameisenhaufen, / aus Europas Zerrüttung, *ego scriptor*« (Pound, *Canto* LXXVI).[19] Es wäre gut, wenn wir uns in Europa ein Stück weit für diese Weisheitspraxis öffnen könnten, sie in neuen, hybriden Formen für die Gegenwart erschließen, vielleicht sogar neue (digitale und analoge) Schreibtechnologien entwickeln. Tusche und Pinsel nicht als Bollwerk gegen die Datenflut (David Foster Wallaces »tsunami of available fact, context, and perspective«), auch nicht als Geheimsprache für eine kulturelle Elite, sondern als zusätzliche, bereichernde Wege der Welterfahrung. Letztlich dürfte Weisheit gerade darin bestehen, sich in der Kunst des »geglückten Augenblicks« geübt zu haben. In einer Gegenwart, in der die Innenwelt des Menschen immer flacher zu werden droht, könnte die alte Idee, im Schreiben durchlässig zu werden für die Außenwelt (und umgekehrt), für die Bewältigung eben dieser Gegenwart unentbehrlich werden.[20]

* * *

(Mitte Januar 2020.)

Liebe Weisheitsfreunde,

es ist mir ein wenig unangenehm, dass ich mich jetzt in dieser Form an Sie wende. Weder kenne ich Sie persönlich, noch darf ich mir erhoffen, Sie in naher Zukunft einmal kennenzulernen. Die einzige Verbindung, die ich zu Ihrem Kreis habe, ist meine Tochter Marlene. Ich habe sie spät bekommen, aber sie war immer mein liebstes Kind. Anders als ihre Schwester Katia hat sie nie den schwierigen, langen Weg gescheut; während Katia immer aus voller Seele glücklich werden wollte und auch beruflich stets genau wusste, was sie wollte, hat sich Marlene oft heillos in ihren Plänen und Tagträumen verstrickt. Ich war von Anfang an dagegen, dass sie nach New York geht, aber natürlich hat sie nicht auf mich gehört (wahrscheinlich hat sie das von mir!). Aber ich will Sie nicht weiter mit diesen familiären Einzelheiten langweilen.

Warum schreibe ich Ihnen überhaupt?! Ich möchte Ihnen etwas erzählen, was mir vor Kurzem zugestoßen ist – und zugleich meiner Enttäuschung darüber Ausdruck verleihen, dass Sie in all den Jahren nicht ein bisschen mehr auf meine Marlene aufgepasst haben. Denn Sie alle oder die meisten auf dieser Liste, glaube ich, kennen meine Tochter ja aus dem Studium in München. Einige von Ihnen waren auch mit ihr zusammen in der Zenschule, beim Meister Mischa, wie er sich genannt hat. Sie hätten also etwas kommen sehen müssen!

An dem Tag, als ich vom Verschwinden meiner Tochter erfahren habe, war ich allein in meiner Wohnung. Natürlich hat mich der Anruf von Anna-Lena in größte Aufregung versetzt. Ich saß am Fenster und blickte auf die Bäume hinaus, konnte dabei meine Gedanken nicht ordnen. Zufälligerweise lag auf dem Korbsessel noch die Zeitschrift, in der ich während des Frühstücks geblättert hatte. Mein Blick ist wieder auf ein Interview gefallen, das ich zuvor achtlos überflogen hatte: »Eine Buddhistin im Gespräch: Weisheitspraktiken, Kapitalismus und die Vorteile des Multikulturalismus«.Und obwohl ich von der Aufregung starke Kopfschmerzen bekommen hatte und vor Angst kaum atmen konnte, habe ich mir das Interview noch einmal sehr langsam durchgelesen (woher kam nur plötzlich diese Ruhe?). Eine buddhistische Nonne aus Myanmar erklärt darin, was für sie Weisheit bedeutet, warum weise Menschen unbedingt auch an Demonstrationen teilnehmen und warum die Meditation manchmal gar nicht so wichtig ist. Ich fühlte mich durch diese Gedanken auf sonderbare Weise gestärkt. Dann sah ich wieder Marlene mit ihren fuchsroten, schlecht geschnittenen Haaren vor mir, als sie siebzehn Jahre alt war und Hals über Kopf die Schule abgebrochen hat, um mit einem braungebrannten Studenten der Archäologie ans Mittelmeer zu trampen. Und auf einmal wusste ich, wo ich sie zu suchen hatte.

Sicher kennen Sie alle die Gerüchte über Mischa. Aber bei der Meditation geht es ja auch darum, genau hinschauen zu lernen, und wenn Sie etwas genauer hingeschaut hätten, wäre Ihnen auch so manche unangenehme Überraschung erspart geblieben. Mischa habe eine Schülerin aus seinem Zen-Seminar sexuell belästigt, hieß es damals; sogar die Münchner *tz* hat etwas darüber gebracht. Die Wahrheit war in diesem Fall ganz anders. Marlene hat sich in ihren Zenmeister verliebt, dann hat sie an der Uni ihre Abschlussklausur verhauen, und schließlich hat sie versucht, sich mit Schlaftabletten das Leben zu nehmen. Und stellen Sie sich vor: Mischa hat sie ins Krankenhaus gebracht und sich rührend um sie gekümmert. Alle in Ihrer Gruppe haben damals schlecht über ihn geredet, aber er hat sich davon nicht beirren lassen. Dass er sich nichts hat zuschulden kommen lassen, dafür lege ich gern meine Hand ins Feuer. Wenn er überhaupt eine Schwäche besitzt, dann ist es eine besondere Faszination für Geld (hat das keiner von Ihnen begriffen?!). Als es einige Jahre später hieß, Ihr Meister habe 60.000 Euro unterschlagen, haben die meisten von Ihnen sich sofort hinter ihn gestellt und die Journalisten verleumdet, die darüber berichtet haben. Leider war es die traurige Realität.

Einen Tag, nachdem ich vom Verschwinden meiner Tochter erfahren hatte, bin ich nach Málaga geflogen. Einige Telefonate, und ich hatte die beiden in einem winzigen Dorf am Meer aufgestöbert. Sicher stand mir die Erleichterung ins Gesicht geschrieben! Marlene saß mit Mischa in einem Café und hat mich angestrahlt. Plötzlich war ich unsicher, was ich tun sollte (ich konnte sie ja nicht einfach wegreißen). Glücklicherweise hat mir meine Tochter alles abgenommen. Sie ist aufgestanden, hat mich an die Hand genommen, und dann sind wir (ich mit meinen fast achtzig Jahren!) über die Felsen zum Strand hinabgeklettert. »Keine Angst, Mama, ich will nichts mehr von ihm«, hat sie gesagt. Und dann: »Ich wollte ihn nur noch einmal sehen, damit ich ihn für immer vergessen kann!« Doch als wir zurückgegangen sind, um mit Mischa wie verabredet Fisch zu essen, war er schon verschwunden. An dem Abend hat meine Tochter mir alles erzählt: wie sie ihm damals bei der ersten Begegnung verfallen ist, dass Mischa das Geld nur für seine kranke Mutter gebraucht habe, und dass all ihre Lebensprobleme nichts mit diesem Mann zu tun haben, genau das habe sie hier in Málaga endlich begriffen. Und natürlich haben wir sehr viel Rioja getrunken. Gegen zwei oder halb drei sind wir wieder auf die Felsen und haben unsere Fischreste an die wilden Katzen verfüttert. Es war eisig kalt.

Auf dem Rückflug nach Frankfurt ist mir viel durch den Kopf geschwirrt. Ich musste daran denken, dass ich wahrscheinlich nicht nach Spanien geflogen wäre, wenn ich nicht das Interview der buddhistischen Nonne gelesen hätte. (Der Impuls kam eindeutig von daher!) Auch habe ich lange darüber nachgedacht, ob Ihr Zenlehrer nun ein guter oder ein schlechter Mensch ist, doch habe ich keine überzeugende Antwort gefunden, und wahrscheinlich spielen moralische Kategorien in dieser Lehre gar keine Rolle. Sind sie für die Weisheit überhaupt von Bedeutung?

Und nicht zuletzt: Ich kann Ihnen, liebe Weisheitsfreunde, beim besten Willen nicht vorwerfen, dass Marlene sich in Ihren Lehrer verliebt hat. Nur wundere ich mich allerdings doch ein wenig, wieso Sie das in meinen Augen Wichtigste übersehen haben. Vielleicht macht die Jagd nach Weisheit blind für die andere große Macht im Leben, die Liebe? Oder sind diese Mächte gar dieselben? Marlene hat immer viel von »metta« gesprochen, was im Buddhismus wohl so etwas wie »Liebe« bezeichnen soll. Und die Christen sprechen viel von »Nächstenliebe« – ist das nicht eine Form tätiger Weisheit? Doch bei der Verliebtheit zweier junger Leute geht es wohl um etwas anderes. Ich weiß es nicht. Vielleicht sollten Sie als zünftige Weisheitsfreunde mal entwirren, wie sich all diese Liebesformen zur Weisheit verhalten! Würde uns das nicht weiterhelfen?

Und hier ist nun doch noch ein Spruch für Sie, den ich mir von der wunderbaren Paula Modersohn-Becker abgeschrieben habe (kennt Ihre Generation diese Malerin überhaupt noch?!):

Und dann ist es doch nur das Leben,
das mit seinen schönen Armen ausgebreitet
vor mir steht,
auf daß ich hineinfliege.

Herzliche Grüße
Marlenes Mutter

* * *

Eine Buddhistin im Gespräch: Weisheitspraktiken, Kapitalismus und die Vorteile des Multikulturalismus

Für das Interview mit der buddhistischen Nonne und Philosophin Shih Chao-hwei fahre ich zum Buddhist Hong Shi College, im Nordwesten Taiwans. Shi Chao-hwei begrüßt mich am Parkplatz und führt mich in einen großen Saal, in dem bereits zwei ihrer Schülerinnen sitzen, die unser Gespräch schweigend begleiten werden. Nach einer Stunde essen wir alle zusammen, vegetarisch, in einer großen Frauenrunde. Am Ende ertönt ein Gong, und eine Nonne verbeugt sich vor einer Buddha-Statue. Dann geht das Interview weiter.

Verehrte Meisterin, seit Langem interessieren sich viele Westler für östliche Übungskulturen; einige praktizieren Taichi oder Yoga, andere lernen Kalligrafie, die Teezeremonie oder asiatische Kampfkünste. Welche Rolle spielen solche Praktiken im Buddhismus?

Die Teezeremonie, asiatische Kampfkünste, die Kalligrafie gehören normalerweise nicht zum

Lebensalltag westlicher Menschen; sie enthalten ihnen fremde Elemente. Aus der Sicht des Buddhismus ist in all diesen Weisheitspraktiken etwas vom Dharma zu finden, doch muss man genau hinsehen, um diesen inneren Kern zu erfassen.

Aber was ist denn Weisheit?

Entscheidend ist, was auf Sanskrit mit dem Begriff des Prajñā beschrieben wird. Die Silbe »-jñā« verweist auf das Funktionieren des Geistes, »pra-« bedeutet Transzendenz; eine gängige Übersetzung dieses Wortes lautet deshalb »transzendente Weisheit«. Worum handelt es sich dabei? Die normalen geistigen Funktionen helfen uns, Probleme zu lösen, in jedem einzelnen Moment, sie sorgen für Wohlbefinden, gelungene Kommunikation mit anderen, aber helfen uns auch, unsere Neugier und unseren Durst nach Wissen zu stillen, unsere Wünsche zu befriedigen. All das gehört zur Ebene des Vijñāna (Bewusstsein); und diese geistigen Funktionen sind natürlich zentral für das Phänomen des Lebens. Doch wir können sie durch Übung transformieren und vervollkommnen, das unterscheidet uns von anderen empfindungsfähigen Wesen.

Genau besehen sind die allgemeinen geistigen Funktionen und die »transzendente Weisheit« keine völlig verschiedenen Dinge. Vielmehr sind

Erstere die Grundlage für Letztere. Das Sanskrit-Präfix »vi-« (im Wort Vijñāna) hat die Bedeutung »unterscheiden« oder »unterteilen«, das ist ein wichtiges Detail. Prajñā ist eigentlich nichts anderes als eine vollkommene Form von Vijñāna, nämlich die Fähigkeit, sich über den eigenen physischen und mentalen Zustand klar zu werden, ihn genau zu beobachten, ganz wahrheitsgemäß die Realität der Phänomene zu erkennen, die »wahre Erscheinung«,[1] und sich nicht von Vorstellungen blenden zu lassen. Zu dieser Realität gehört es, dass wir alle alt und krank werden und in naher Zukunft sterben müssen. Niemand entkommt dem. Natürlich versuchen sich viele mit Macht, Ruhm und Reichtum zu betäuben, aber auch sie werden früher oder später mit dieser Realität konfrontiert. Deshalb ermutigt uns der Buddha, genauer hinzuschauen und so vielleicht die Weisheit echter Einsicht zu erlangen. Auf der Ebene des Vijñāna zu verweilen, reicht nicht aus, weil jedes Lebewesen ein starkes Selbstgefühl hat; es schätzt sich selbst am meisten, es kümmert sich nicht um die Situation der anderen, und deshalb läuft es oft blind in die falsche Richtung. Prajñā bedeutet, dieses von uns hochgeschätzte und in jedem Moment fest ergriffene Selbst zu dekonstruieren. Je stärker meine Unterscheidungsfähigkeit ist, desto mehr werde ich wahrnehmen. Weisheitspraktiken können uns dabei helfen.

Welche Form der Übung halten Sie für die geeignetste?

Um auf dem Weg zur Weisheit voranzukommen, hilft es, die Satipaṭṭhāna-Übung zu praktizieren, die uns die richtige Anwendung der Achtsamkeit lehrt.[2] Sie umfasst vier Aspekte. Der erste Aspekt ist der Körper, den ich beim Gehen, beim Sitzen und anderen Tätigkeiten achtsam betrachten kann. Manche werden jetzt einwenden, dass sie sich doch längst um ihren Körper kümmern, mit Make-up und Pflegecremes, aber das bleibt alles an der Oberfläche. Wir müssen mehr Zeit mit unserem Körper verbringen, ihn beobachten lernen, ganz genau und von Kopf bis Fuß. Sie werden dann endlich auch lernen, Ihre Empfindungen schärfer wahrzunehmen, das ist der zweite Aspekt. So werden Sie z. B. bemerken, dass Sie oft verletzt reagieren, wenn Sie mit anderen Menschen interagieren, oder dass Sie leicht in Wut geraten oder schnell in eine tiefe Traurigkeit verfallen. Wer sich so achtsam betrachtet, wird Abstand von der jeweiligen Situation gewinnen; und dieser Abstand hat oft eine heilende Wirkung (auch wenn diese nicht das primäre Ziel sein sollte). Der dritte Aspekt sind die Gedanken, der Inhalt des Geistes. Mit einiger Übung werden Sie bemerken, wie eng Körper und Geist miteinander verbunden sind; beide beeinflussen sich in jedem einzelnen Moment wechselseitig. Schließlich wird es Ihnen möglich sein, Ihre Aufmerksamkeit auf das Dharma selbst zu richten, nämlich die Tatsache, dass alles unbeständig ist und kein Moment mit dem nächsten Moment identisch. Das ist der vierte Aspekt. Auf dieser Stufe ist das Dharma nicht mehr nur ein philosophischer Begriff, wie er in Seminaren diskutiert wird, sondern eine konkrete Erfahrung. Die Achtsamkeitsübung umschließt also Körper, Empfindungen, Geist sowie das Dharma.

Viele Menschen im Westen, die der Buddhismus fasziniert, legen großen Wert auf die Meditation. So manche haben wahrscheinlich die Bücher von D. T. Suzuki gelesen, der ja als einer der Ersten den japanischen Zenbuddhismus in Europa und Nordamerika popularisiert hat. Was denken Sie darüber? Wie wichtig ist die Meditation im Vergleich zu den buddhistischen Übungsregeln und damit zur Sittlichkeit (auf Pali sīla, *z. B. das Verbot der Lüge und des sexuellen Fehlverhaltens)?*

Sie sprechen da einen wichtigen Punkt an. In Europa ist die Rezeption des Buddhismus geprägt von dem Interesse an mystischen Erfahrungswelten, ein typisches Merkmal des Orientalismus. Zweifellos ist die Übung der Aufmerksamkeit sehr wichtig; es bedarf eines sehr langen Trainings, bevor man die Fähigkeit zur tiefen Einsicht entwickeln kann. Doch die Meditation ist hier immer nur ein Mittel, nie Endzweck. Viele Übende bleiben allerdings auf dieser Ebene stehen. Zweifellos bewirkt das Meditieren ein angenehmes Gefühl; Körper und Geist werden erfrischt, manche Menschen geraten sogar in Trance oder in besondere Schwebezustände (ähnlich wie beim Scuba diving). Aber all das ist nur ein zusätzlicher Nutzen, es hilft nur bedingt bei der Lösung des wirklichen Problems, der Überwindung der eigenen Egozentrizität.

Mit dem Zenbuddhismus kenne ich mich nicht sehr gut aus, dazu möchte ich nichts sagen (ich bevorzuge, wie bereits erwähnt, die Satipaṭṭhāna-Übung). Beschreibungen mystischer Zustände zeigen an sich auch noch keine echte Weisheit an. Es ist ein Merkmal des Mahāyāna-Buddhismus, dass er die gesamte Gesellschaft in den Blick nimmt, nicht nur den Einzelnen. Und das ist wichtig. Sich um die eigene Erlösung zu kümmern, ist nicht egoistisch, sondern notwendig; jedoch muss es immer auch darum gehen, eine weitere Perspektive zu entwickeln und die Gesellschaft als ganze zu reformieren. Wer wirklich achtsam ist, wird auch danach trachten, höheren ethischen Imperativen gerecht zu werden und sein Verhalten ihnen entsprechend auszurichten. Wer nur achtsam ist, ohne die Bedürfnisse anderer Menschen in den Blick zu nehmen, hat Achtsamkeit nicht verstanden.

*Die Mindfulness-Bewegung ist in Nordamerika sehr erfolgreich. Unternehmen wie Google und Facebook richten Meditationsräume ein und ermutigen ihre Mitarbeiter*innen zur Meditation. Dagegen kritisieren linke Intellektuelle wie Slavoj Žižek und Glenn Wallis, dass der westliche Buddhismus längst ein Lifestyleprodukt geworden sei, das sich nahtlos in das Effizienzstreben des Plattformkapitalismus und die Kultur der Postmoderne einfüge. Wie sehen Sie das?*

Konfuzius hat einmal gesagt: »Auch die kleinen Künste können ihren Wert haben. Verliert man sich aber darin, erreicht man sein Ziel nicht. Deshalb hütet sich der Edle davor.«[3] Anders als die Konfuzianer*innen würde ich all diese Übungsformen nie direkt kritisieren; es gibt sehr unterschiedliche Menschen, und jeder Mensch hat seine eigenen Bedürfnisse. Ich halte auch überhaupt nichts von dem Dünkel vieler Buddhisten. Darüber hinaus denke ich, dass das Übel der gegenwärtigen ökonomischen Ordnung nichts mit Meditation oder Mindfulness zu tun hat. Der Kapitalismus vereinnahmt alle Lebensaspekte der Menschen. Digitalisierung und Quantifizierung führen zu neuen Formen der Kontrolle. Kritik an diesen Zuständen ist absolut notwendig. Doch wer meditiert, wird mit großer Wahrscheinlichkeit seine körperliche und geistige Gesundheit verbessern, und das ist an sich eine gute Sache. Um den Kapitalismus zu reformieren, brauchen wir mehr Rechte für Arbeitnehmer*innen, starke Gewerkschaften, Gesetze gegen Überstunden usw.

Als ich Ihre Biografie las, verehrte Meisterin, ist mir aufgefallen, dass Sie immer beides waren, Buddhistin und Citoyenne. Vor dreißig Jahren haben Sie sich für die Demokratisierung der taiwanischen Gesellschaft engagiert, später für den Umweltschutz, Tierrechte, die gleichgeschlechtliche Ehe und #MeToo. Warum ist die Rolle als Aktivistin für Sie so wichtig?

Ich denke, es ist ganz einfach: Wenn die Schüler*innen des Buddha nicht auf die Probleme zeitgenössischer Gesellschaften achtgeben, dann haben sie den Geist des Mahāyāna-Buddhismus nicht verstanden. Ich komme noch einmal auf die Idee der Morallehre zurück: Ein unerlässlicher Bestandteil des buddhistischen Trainings ist die Einübung von Disziplin beim Sprechen und Handeln. Doch viele, die den Übungsweg beschritten haben, denken primär immer noch an sich selbst und gehen Konflikten aus dem Weg. Ihre Einsicht bleibt dann oft sehr oberflächlich. Wir brauchen eine Moral; ohne sie lässt sich die buddhistische Sittlichkeit (*sīla*) streng genommen gar nicht praktizieren. Die Grundlage der buddhistischen

Moral sind aber die Lehre vom »Entstehen in Abhängigkeit« (*pratītya-samutpāda*), der Schutz allen Lebens und der Mittlere Weg. Ebenso unverzichtbar ist das Nachdenken über moralische Prinzipien wie die Goldene Regel. Diese verpflichtet jeden Einzelnen: Wenn ich nicht Schaden erleiden möchte, darf ich auch nicht anderen Schaden zufügen; wenn ich nicht getäuscht werden möchte, darf ich auch nicht andere täuschen. Erst in der konsequenten Umsetzung solcher Prinzipien zeigt sich wirkliche Selbstlosigkeit – darin ist der Buddhismus Peter Singers Fassung des Utilitarismus sehr ähnlich. Mein politisches Engagement hat hier seinen Ursprung.

In Europa wurde der Buddhismus im 19. und 20. Jahrhundert oft als eine Art Nihilismus betrachtet. Heutzutage missverstehen viele den Buddhismus als absoluten Relativismus. Ich finde es interessant, dass Sie in Ihren philosophischen Schriften einerseits große Sympathie für den kulturellen Pluralismus der Gegenwart an den Tag legen, andererseits jedoch darauf beharren, dass moralische Prinzipien eine kulturübergreifende Geltung besitzen …

Meine Position mag widersprüchlich erscheinen, aber sie ist es nicht. Ich habe großen Respekt vor dem Multikulturalismus. Wir leben heute in einer globalen Welt, da ist es unerlässlich, dass

Menschen lernen, friedlich mit anderen Kulturen zusammenzuleben und nicht einfach ihren eigenen Standpunkt zu verabsolutieren. Darüber hinaus haben uns die Kriege und Katastrophen des 20. Jahrhunderts gezeigt, wie wichtig Werte wie Toleranz und Offenheit für ein gemeinsames Miteinander sind. Die Wertschätzung kultureller Vielfalt muss jedoch eine Grenze haben, wenn Grundrechte infrage gestellt werden. Der Wertekonsens der universellen Menschenrechte ist eine große Errungenschaft, die es zu verteidigen gilt. Und es geht nicht nur um Menschenrechte: Ich habe mich seit Langem im Tierschutz engagiert, und dabei bin ich immer wieder auf das Argument gestoßen, dass es bei den Daoisten oder bei indigenen Völkern normal sei, Tiere zu jagen und zu schlachten; im Gegenzug wird mir als Buddhistin vorgeworfen, ich sei unsensibel oder gar hegemonial. Damit bin ich überhaupt nicht einverstanden. Der Wert des Lebens ist kulturunabhängig!

Interview und Übersetzung von Kai Marchal

* * *

(Postkarte, 23. Februar 2020.)

Lieber Anton,

ich war bass erstaunt, als ich neulich in Amrum an der gleichen Stelle wie früher in den Dünen stand. Stell Dir vor, da liegt wieder so ein Vogelgerippe! Wenn mich meine Erinnerung nicht täuscht, sieht es fast genauso aus wie jenes, das Du damals fotografiert hast.

Mehr gibt's eigentlich auch gar nicht zu berichten.

Liebe Grüße
Dein Rainer

PS: Kann es sein, dass sich die Welt da draußen gerade besonders schnell verändert?! Ich habe seit ein paar Tagen so ein dummes Gefühl ... Nur vor meinem Fenster sieht alles immer gleich aus: der Schnee, das Meer, der graue Himmel. Hoffen wir, dass es einfach so bleibt!

* * *

Nachwort

Karl Marx hat in einem berühmten Diktum Philosophen dafür kritisiert, dass sie die Welt nur verschieden *interpretiert* hätten, wo es doch eigentlich darauf ankäme, sie zu verändern.[1] Stimmt diese Diagnose eigentlich? Vielleicht vor dem Hintergrund der Hegel'schen Philosophie, die Marx wohl vor Augen hatte. Zu dessen Zeit war in Europa, wie auch heute noch, »Weisheit« bereits ein Begriff, mit dem sich die westliche akademische Philosophie weniger verbunden sehen wollte als mit dem Terminus »Wissenschaft«. Doch wollten nicht »Weisheitslehrer« der Vergangenheit wie Sokrates oder Buddha, Epikur oder Zhuangzi das Leben derer *verändern* (und nicht bloß interpretieren), die sich ihnen anschlossen und die sie lehrten? Und würde sich die Welt nicht verändern, wenn sich die meisten Menschen im Sinne dieser Lehrer änderten?

Marx hätte hier eingewandt, dass das ökonomische Sein das individuelle Bewusstsein bestimmt, weshalb der Versuch dieser alten Gurus von vornherein zum Scheitern verurteilt gewesen ist: Sie wollten das menschliche Sein durch den

Eingriff in das Denken und Fühlen ändern; doch, so Marx, Menschen denken und fühlen, was ihre Rolle im sozio-ökonomischen System von ihnen zu denken und zu fühlen verlangt. Dieses System müsse zuerst revolutioniert werden, dann folgten die menschlichen Verhältnisse, einschließlich des individuellen Denkens und Fühlens, nach. Ob das stimmt? Vielleicht ist es eine merkwürdige Metaphysik des im Geheimen operierenden Kapitals, das die Gedanken und Gefühle der Menschen lenkt? Können wir das wissen? Kann man eine Priorität finden in dem Rückkopplungsprozess zwischen gesellschaftlichen Verhältnissen und individuellen Zuständen? Machen egoistische Menschen unsolidarische Gesellschaften oder unsolidarische Gesellschaften egoistische Menschen? Macht die allgemeine Konkurrenz, die überall stattfindende Bewertung aus den Einzelnen hassende Wichtigtuer oder erzeugen die hassenden Wichtigtuer das universale »rat race«? Was ist hier Henne, was Ei?

Die meisten Weisheitslehren gehen davon aus, dass man sich distanzieren müsse von seiner gesellschaftlichen Rolle, von den ökonomischen und politischen Verhältnissen, in denen man existiert, um ein gelingendes Leben führen zu können. Sind nicht die vielfältigen Übungspraktiken, die sich in den unterschiedlichen Weisheitstraditionen der verschiedenen Kulturen finden lassen, wie Meditation, Kalligrafie, Taichi, das Lösen von Koans, das Schreiben von Gedichten und von Erzählungen, alles andere als bloße *Interpretationen* der Welt und des Lebens? Sind sie nicht Versuche des Eingreifens in dieses Leben, von dem zu allen Zeiten geglaubt wurde, dass es sich »ändern« müsse?

Marxismus und Weisheitslehren sind Beispiele für auf der ganzen Welt stattfindende Versuche, das, was man in Europa »Philosophie« nennt, in einem eminenten Sinne *praktisch*, für die Existenz möglichst vieler Menschen relevant und wirksam werden zu lassen. Beide, die marxistischen Denkrichtungen und die Weisheitslehren versuchen dabei, Alternativen zu entwickeln zu *religiösen* Eingriffen in die menschliche Lebensführung; sie sind *säkulare* Veranstaltungen.[2] Haben »wir« nicht auch heute noch das Bedürfnis nach einer säkularen Veränderung »unserer Lebensform«? Haben wir angesichts der sich immer weiter ausbreitenden und intensivierenden Wut und Hysterie in der digitalen »Öffentlichkeit«, der Entsolidarisierung der meisten Gemeinwesen und der ökologischen Krisen nicht den Eindruck, dass »wir« »unser Leben« ändern müssen, mit welchen Mitteln auch immer – denen der Ökonomie, der Politik oder der Weisheitslehre, weil das Leben, das »wir« führen, so nicht mehr lange fortsetzbar sein dürfte? Werden die driftenden Verhältnisse »uns« sowieso entweder ändern oder zum Verschwinden bringen, oder müssen »wir« uns ändern, um diese Drift und unser Verschwinden ertragen zu können?

Die Herausgeber dieses Bandes haben sich aus unterschiedlichen Richtungen diesen Themen angenähert. Beide sind wir jedoch der Überzeugung, dass eine Kenntnis der Weisheitslehren dieser Welt wichtig ist, ob sie nun in eher theoretischen, in narrativen, poetischen, meditativen, kontemplativen oder was für Formen auch immer manifest werden. Wir glauben, dass die allgemeine und sich stetig vertiefende Kenntnis der Lebenslehren der unterschiedlichen Kulturkreise nicht nur akademisch eine dringende Aufgabe darstellt (die inzwischen auch vermehrt angegangen wird), sondern dass sie auch für ein mögliches, globalisiertes, friedliches, gedeihliches und auf Dauer fortsetzbares Alltagsleben von Bedeutung ist. Aus dieser geteilten Überzeugung heraus haben wir unsere Kompetenzen aus der Sinologie, der Geschichte der neuzeitlichen westlichen Philosophie und der Metaphilosophie zusammengetan, um das scheinbar obsolete Thema der »Weisheitspraktiken« (das aber nur in der akademischen Philosophie obsolet scheint, nicht im öffentlichen Austausch jenseits der Hochschulen) auf unterschiedliche Weise zu bearbeiten.

Zuerst haben wir im Sommer 2018 einen Workshop zum Thema »Weisheit« mit interkultureller Besetzung veranstaltet. Aus ihm ist ein Sonderband der akademischen Zeitschrift *Philosophy East and West* hervorgegangen (erschienen im Juli 2021). Für die Zukunft planen wir eine digitale Plattform, die sich ebenfalls aus einer Perspektive der »philosophischen Weltliteratur«, das heißt mit interkultureller Kompetenz, diesen Themen widmen soll: sowohl in der Bereitstellung sogenannter »klassischer« Texte wie auch durch die Veröffentlichung neuer wissenschaftlicher, philosophischer und literarischer Arbeiten. Es erscheint uns sinnvoll, dieses Thema mit genügend Ironie und ohne Ausblendung des Chaos anzugehen, in dem wir gegenwärtig existieren. Nur so kann ihm seine altväterliche Aura genommen werden. Wir wollten keine »alten Sprüche« nachbeten oder uns in Ehrfurcht vor alten Meistern verbeugen. Aber auch zu den Kulturkämpfen der Gegenwart wollten wir etwas Abstand halten. Wenn sich eine weiße Highschool-Schülerin ein traditionelles chinesisches Gewand anzieht, löst dieses Verhalten heutzutage leicht eine mediale Empörungswelle über »kulturelle Aneignung« und Rassismus aus.[3] Zweifellos werden darin reale Sorgen von Minderheiten über Diskriminierung und politische Benachteiligung sichtbar. Jedoch scheint es manchmal so, als würde die moralische Aufladung und Polarisierung der gegenwärtigen Debattenkultur es vielen Menschen immer schwieriger machen, andere Menschen nicht nur als Träger von Gruppeneigenschaften wahrzunehmen, sondern als Einzelwesen, mit denen ein vertiefter Erfahrungsaustausch möglich ist.[4] Nicht zuletzt hat die Überzeugung, dass es bei »Weisheit« um etwas Sinnvolles, Praktisches, eigentlich sehr Nüchternes, aber trotzdem Hilfreiches gehen kann, das möglichst vielen Menschen zugänglich sein sollte, uns veranlasst, den Texten und künstlerischen Arbeiten, die wir hier zusammengetragen haben, einen heiter-ironischen Rahmen zu »verpassen«, bei dem das individuelle Lebenswirrwarr geradezu eine Vorbedingung für das Interesse am Weisheitsthema ist. Denn wie sagte schon ein alter Weiser: »Die Heiterkeit kann kein Übermaß haben.«[5]

Wir danken allen, die als Beitragende zu diesem Band unser Projekt unterstützt haben. Wir freuen uns, dass Andreas Rötzer dieses Unternehmen verlegerisch unter seine Fittiche genommen und Fabienne Witte den Band sehr gründlich lektoriert hat. Nicht zuletzt bedanken wir uns bei Johannes Kaminski, Lin Chen-kuo, Lok Jun Ting und Martin Münnich für Anregungen und Hilfe.

Kai Marchal und Michael Hampe,
Taipeh und Zürich im März 2021

Verzeichnis der Beitragenden

Elisa Duca, geb. 1978 in Assisi, Italien, ist Performance- und Installationskünstlerin. Sie lebt seit 2004 in Berlin und erforscht in groß angelegten performativen Installationen die Handlungsmacht (*agency*) der Dinge im Anthropozän – oft in Südostasien. Sie hat neben der Arbeit als Schauspielerin am Institut DAMS der Universität Bologna ein Studium mit den Schwerpunkten Theater, Film und Kunstgeschichte abgeschlossen. Ihre Arbeit wurde in Berlin und international gezeigt und gefördert. http://elisaduca.de

Michael Hampe, geb. 1961 in Hannover, ist Professor für Philosophie an der ETH Zürich und beschäftigt sich vor allem mit dem philosophischen Pragmatismus. Er hat verschiedene narrative philosophische Werke verfasst, zuletzt: *Die Wildnis. Die Seele. Das Nichts. Über das wirkliche Leben*, 2020.

Michael Krüger, geb. 1943 in Wittgendorf, Landkreis Zeitz, Sachsen-Anhalt, lebt in München. Nach jahrzehntelanger Tätigkeit als Lektor und Verleger bei Hanser und als Herausgeber der Literaturzeitschrift *Akzente* war er von 2013 bis 2019 Präsident der Bayerischen Akademie der

Schönen Künste; danach nur noch Schriftsteller. Zuletzt erschienen *Meteorologie des Herzens. Über meinen Großvater, Zbigniew Herbert, Petrarca und mich*, 2021, sowie *Im Wald, im Holzhaus*, Gedichte, 2021.

Kai Marchal, geb. in Wilhelmshaven, Niedersachsen, lebt mittlerweile in Taipeh und lehrt Philosophie an der National Chengchi University. Er veröffentlichte zahlreiche wissenschaftliche und literarische Texte in deutscher, englischer und chinesischer Sprache. Zuletzt erschien *Tritt durch die Wand und werde, der du (nicht) bist*, 2019.

Gert Scobel studierte Theologie und Philosophie in Frankfurt am Main und Berkeley. Er leitet und moderiert seit 2008 das interdisziplinäre Wissenschaftsformat »scobel« (3sat). Zu seinen Büchern gehören u. a. *Weisheit. Über das, was uns fehlt* (2018), 身心脱落 *NichtDenken. Achtsamkeit und die Transformation von Körper, Geist und Gesellschaft* (2018) sowie zusammen mit Markus Gabriel *Zwischen Gut und Böse. Philosophie der radikalen Mitte* (2021). Seit 2016 ist er Honorarprofessor für Philosophie und Interdisziplinarität an der Hochschule Bonn-Rhein-Sieg und im Direktorium des Zentrums für Ethik und Verantwortung. Er praktiziert seit über 40 Jahren Zenmeditation.

Shih Chao-hwei, geb. 1957 in Yangon, Myanmar, wanderte 1965 mit ihren Eltern nach Taiwan aus, wo sie zur buddhistischen Nonne ordiniert wurde. Daneben ist sie Philosophin, Aktivistin, Autorin zahlreicher Bücher und Aufsätze sowie Professorin an der Hsuan Chuang University und Leiterin des Buddhist Hong Shi College. Außerdem ist sie als Mentorin des »International Network of Engaged Buddhists« (INEB) tätig, das von dem thailändischen Reformbuddhisten Sulak Sivaraksa ins Leben gerufen wurde. Derzeit arbeitet sie mit dem Philosophen Peter Singer an einem Buch über Ethik.

Daniel Strassberg, geb. 1954 in St. Gallen, studierte Medizin und Philosophie in Zürich und den Talmud in Jerusalem; er publiziert zu verschiedenen Themen, u. a. zum Wahnsinn in der Philosophie. Er arbeitet in Zürich als Psychoanalytiker in eigener Praxis.

Christian Unverzagt, geb. in Heidelberg, brach sein Studium der Philosophie und Ethnologie in West-Berlin ab, um in die Hausbesetzerbewegung der frühen 1980er-Jahre einzutauchen. Später ging er in Asien auf Wanderschaft. Nach seiner Rückkehr promovierte er in Kunstgeschichte Ostasiens. Seit 1987 praktiziert er die sanfte Kampfkunst Taijiquan, die er heute auch unterrichtet.

Andreas Walther, geb. 1971, lebt und arbeitet zwischen Taiwan und Deutschland. Er konzentriert sich auf künstlerische Fragen im interkulturellen Zusammenhang, referenziert daoistische Kultur mit Berg-Wasser-Malerei, Kalligrafie und Philosophie wie auch Ideen aus Medientheorie und Wahrnehmungsphilosophie. Sein Hauptmedium ist dabei die digitale Fotografie. Von Zeit zu Zeit realisiert er kuratorische Projekte und engagiert sich in akademischen Kontexten mit Vorträgen, Workshops und Seminaren. www.andreaswalther.de

Anmerkungen

Gert Scobel: Weisheit, Koans und das Problem der Komplexitätsbewältigung

1 Yamada Kôun Roshi, *Mumonkan. Die torlose Schranke, Zen-Meister Mumons Koan-Sammlung*, München 1989, S. 114; sowie Zenkei Shibayama, *Quellen des Zen. Die berühmten Koans des Meisters Mumon aus dem 13. Jahrhundert mit Einführung und Kommentar*, Bern 1976, S. 174.

2 Paradigmatisch ist Ludwig Wittgensteins Frage: »Was ist dein Ziel in der Philosophie? Der Fliege den Ausweg aus dem Fliegenglas zeigen«, in: Ludwig Wittgenstein, *Philosophische Untersuchungen*, Werkausgabe, Bd. 1: *Tractatus logico-philosophicus, Tagebücher 1914–1916, Philosophische Untersuchungen*, Frankfurt am Main 1984 (§ 309).

3 Es gibt verschiedene längere und kürzere Versionen dieses Koans, die auf den ersten Blick einander widersprechen und auf diese Weise erneut bestätigen, dass sich Wahrheit, wenn sie von entscheidender Bedeutung ist, nur paradox formulieren lässt: *Shoyoroku* Fall 18 einerseits und die bekanntere Fassung in *Mumonkan* Fall 1 andererseits. Zum Mu-Koan und seiner Geschichte siehe James Ishmael Ford und Melissa Myozen Blacker, *The Book of Mu. Essential Writings on Zen's Most Important Koan*, Boston 2011. Die ausführliche, vermutlich ikonische In-

terpretation findet sich im 13. Jahrhundert bei Dogen: Meister Dogen, *Shobogenzo. Die Schatzkammer des wahren Dharma-Auges*, Bd. 2, Heidelberg-Leimen 2003, S. 27–61.

4 Beispiele dafür sind im *Mumonkan* u. a. das bekannte erste Koan, Jôshûs »Mu« (Fall 1), Tôzans Ausspruch »Masagin« (Fall 18), Unmons »Kanshiketzu« (Fall 21) oder Guteis Geste des Hebens eines einzigen Fingers (Fall 3).

5 Diese Übungsform wird hervorragend erläutert in Master Sheng Yen, *Shattering the Great Doubt. The Chan Practice of Huatou*, Boston/London 2009.

6 Master Sheng Yen (2009) sowie ders., *Hoofprint of the Ox. Principles of the Chan Buddhist Path as Taught by a Modern Chinese Master*, Oxford 2001, S. 127 ff.

7 Das *Mumonkan* ist eine bis heute in der Ausbildung des Zen gebrauchte Sammlung von 48 klassischen Koans, die im 13. Jahrhundert gegen Ende der Song-Dynastie von Meister Wumen (1183–1260; jap. Mumon Ekai) zusammengestellt wurde. Wumen gehört der Linji- bzw. jap. Rinzai-Schule an. Diese Schule des »plötzlichen Erwachens« zeichnet sich durch die konsequente Arbeit mit Koans als ihrer Hauptform der Meditation aus.

8 Robert Sharf, »How to think with Chan Gong'an«, in: Charlotte Furth, Judith T. Zeitlin, Ping-Chen Hsiung (Hgg.), *Thinking with Cases. Specialist Knowledge in Chinese Cultural History*, Honolulu 2007, S. 205–243.

9 Mündliche Erläuterung meines Zenmeisters Henry Shukman. »A koan is a riddle or puzzle that Zen Buddhists use during meditation to help them unravel greater truths about the world and about themselves. Zen masters have been testing their students with these stories, questions, or phrases for centuries« ({https://mailchi.mp/a78c7e41b4a9/mountain-cloud-newsletter-1373428?e=311298f017}, letzter Zugriff 21.06.2021).

10 Das Zitat stammt aus Fall 20 des *Congrong Lu* bzw. in der japanischen Version *Shoyoroku* ({https://terebess.hu/zen/Serenity.doc}, letzter Zugriff 21.06.2021).

11 Budh bzw. Bodhi bedeutet auf Sanskrit und Pali »erwachen«; Buddha ist daher der Erwachte, also jemand, der die Erfahrung des Erwachens gemacht hat. Erleuchtung ist insofern kein passender Begriff, als er suggeriert, dass es zuvor Dunkelheit gäbe. Dabei ist auch das Dunkel – Illusion und Irrtum – nichts anderes als diese eine Wirklichkeit, die, nach buddhistischer Lehre, leer ist.

12 So wurde einer der bedeutendsten zeitgenössischen tibetischen Meister, Tulku Urgyen Rinpoche (1920–1996), kurz vor seinem Tod nach seiner Hauptübung und zentralen Lehre gefragt. Seine Antwort lautete: »Egal, was ihr macht, egal in welcher Lage ihr euch gerade befindet – ob ihr nun geht, sitzt, esst oder liegt –, entspannt eure Aufmerksamkeit immer in die Natur des non-dualen Gewahrseins. Das ist alles!« Tulku Urgyen Rinpoche, *Wie es ist. Essenz von Dzog-*

chen und Mahamudra, Bd. 1, Oy-Mittelberg 2015, S. 20.

13 Die zentrale Übung ist das »Don't Push – Don't Pull« (vgl. Yongey Mingyur Rinpoche, *In Love with the World. A Monk's Journey through the Bardos of Living and Dying*, New York 2019, S. 68, 91, 103).

14 Shohaku Okumura, *Die Verwirklichung der Wirklichkeit. »Genjokoan« – der Schlüssel zu Dogen-Zenjis Shobogenzo*, Heidelberg 2014, S. 109 sowie 91 ff., 104 ff.

15 Rinpoche, *Wie es ist*, S. 92 f., 82.

16 Zum Konzept von Hishiryo (NichtDenken) und dem Ausfallen von Körper und Geist siehe Gert Scobel, *身心脱落. NichtDenken. Achtsamkeit und die Transformation von Körper, Geist und Gesellschaft*, Berlin 2018, S. 59–70.

17 Ob »nicht-duale« Aufmerksamkeit eine Form esoterischer Schwafelei ist oder die gelungene Übertragung eines Konzepts der buddhistischen Psychologie in neurowissenschaftliche Kategorien, kann an dieser Stelle nicht ausführlich diskutiert werden. Stellvertretend seien genannt: Zoran Josipovic, »Duality and nonduality in meditation research«, in: *Consciousness and Cognition*, Dezember 2010, 19(4), S. 1119–1121, sowie die Diskussion seines Beitrags auf S. 1122 f.; ders., »Neural correlates of nondual awareness in meditation«, in: *Annals of the New York Academy of Sciences*, 1307 (2014), S. 9–18; Ulf Winter, Pierre LeVan, Tilmann L. Borghardt, Burak Akin, Marc Wittmann, Yeshe Leyens, Stefan

Schmidt, »Content-free awareness: EEG-fcMRI correlates of consciousness *as such* in an expert meditator«, in: *Frontiers in Psychology*, 2019 (Volume 10), Artikel 3064.

18 Die vermutlich beste Einführung in Shikantaza bieten John Daido Loori, *The Art of Just Sitting. Essential Writings on the Zen Practice of Shikantaza*, Somerville 2002, sowie Master Sheng Yen, *The Method of No-Method. The Chan Practice of Silent Illumination*, Boston/London 2008; eine hervorragende Einführung ins Koan-Studium findet sich in Master Sheng Yen, *Shattering the Great Doubt*, sowie John Daido Loori, *Sitting with Koans. Essential Writings on the Practice of Zen Koan Introspection*, Somerville 2006. Eine knappe und vergleichende Darstellung beider Übungsformen bietet Master Sheng Yen, *Hoofprint of the Ox*, S. 118–162.

19 Meister Dogen, *Shobogenzo*, Bd. 2, S. 129 (Zazenshin).

20 So die These von Robert Sharf, »Mindfulness and mindlessness in early Chan«, in: *Philosophy East and West* 64 (2014), Nr. 4, S. 933–964, hier S. 934 f. sowie 951 ff. Außerdem Carmen Meinert, »Plötzliches oder allmähliches Erwachen – Konträre Positionen im chinesischen Meditationsbuddhismus?«, Vortrag am 29.10.2003 in der Vorlesungsreihe »Buddhismus in Gegenwart und Geschichte« der Universität Hamburg ({www.buddhismuskunde.uni-hamburg.de/pdf/4-publikationen/buddhismus-in-geschichte-und-gegenwart/bd9-k02meinert.pdf}, letzter

Zugriff 22.06.2021); sowie John R. McRae, *The Northern School and the Formation of Early Ch'an Buddhism*, Honolulu 1986.

21 Dies ist ein zentraler Gedanke des Zenmeisters und Psychoanalytikers Barry Magid: ders., *Nothing is Hidden. The Psychology of Zen Koans*, Boston 2013, S. 24.

22 Rinpoche, *Wie es ist*, S. 22.

23 Ebd., S. 78 (ebenso S. 82, 91, 110 f., 125). Vgl. Loch Kelly, *The Way of Effortless Mindfulness. A revolutionary Guide for Living an Awakened Life*, Boulder 2019.

24 So lautet das Koan Fall 6 im *Hekiganroku*: Yamada Kôun Roshi, *Die Niederschrift vom blauen Fels. Hekiganroku, Die klassische Koansammlung mit neuen Teishos*, Bd. 1, München 2002.

25 Komplexität wird im Folgenden auch nicht metaphorisch, sondern im Sinn einer auf Empirie beruhenden Theorie verstanden. Grundlegende Arbeiten dazu sind u. a. die Untersuchungen von Ilya Prigogine und Isabelle Stengers, *Dialog mit der Natur. Neue Wege naturwissenschaftlichen Denkens*, München 1981, sowie von Manfred Eigen, *From Strange Simplicity to Complex Familiarity. A Treatise on Matter, Information, Life and Thought*, Oxford 2013. Eine gute Übersicht über das Thema bietet Klaus Mainzer, *Komplexität*, Paderborn 2008, während Sandra Mitchell, *Komplexitäten. Warum wir erst anfangen, die Welt zu verstehen*, Frankfurt am Main 2008, gelungen die damit einhergehende veränderte Denkweise skizziert.

26 Zuweilen ist es auch genau umgekehrt. Dazu die beeindruckende Studie von Denis Nobel, einem der Pioniere der Systembiologie, der als Kardiologe im Bereich der Computational Physiology forscht: *Dance to the Tune of Life. Biological Relativity*, Cambridge 2017, sowie die Untersuchungen des Mathematikers George Ellis, *How can Physics Underlie the Mind? Top-Down Causation in the Human Context*, Berlin/Heidelberg 2016, und der Physiker und Biologen Eric Smith, Harold J. Morowitz, *The Origin and Nature of Life on Earth. The Emergence of the Fourth Geosphere*, Cambridge 2016.

27 Weitere wissenschaftliche, logische und philosophische Details finden sich in der grundlegenden Untersuchung des Logikers und analytischen Philosophen Graham Priest, *One. Being an Investigation into the Unity of Reality and of its Parts, including the Singular Object which is Nothingness*, Oxford 2016. Priest hat an anderer Stelle auch die Konzeption des Nichts streng analytisch untersucht. Mit Blick auf Heidegger vgl. Priest, *One*, S. 54, sowie ders., *Beyond the Limits of Thought*, Oxford 2002, S. 241.

28 Martin Heidegger, *Die Grundbegriffe der Metaphysik. Welt – Endlichkeit – Einsamkeit*, Gesamtausgabe Bd. 29/30 (II. Abteilung: Vorlesungen 1923–1944), Frankfurt am Main 1983, S. 7.

Daniel Strassberg: Die Weisheit der Gesetze: Der Talmud

1 Artikel 1 (1) des Grundgesetzes der Bundesrepublik Deutschland und aus der Präambel der Verfassung der Vereinigten Staaten von Amerika.

2 Zur Funktion der Präambel vgl. Marie Theres Fögen, *Das Lied vom Gesetz*, München 2007.

3 bT Berachot 2a (= Babylonischer Talmud, Traktat Berachot Fol. 2a. Der babylonische Talmud wird immer nach der Paginierung der ersten Druckausgabe aus dem Jahr 1523 zitiert. Diese wurde von Jacob Ben Chajim editiert und von Daniel Bomberg, einem aus Antwerpen stammenden Christen, in Venedig gedruckt. Die Übersetzungen stammen vom Autor.)

4 Pirqé Avót, Hillel, 1,14, in: *Sprüche der Väter*, hg. von Bernhard Lang, Stuttgart 2020.

5 Auf das Buch *Sokrates and the Fat Rabbis* von Daniel Boyarin, das sich ebenfalls mit den grotesken Aspekten des Talmuds beschäftigt, bin ich leider erst nach Beendigung dieses Essays gestoßen. Vgl. Daniel Boyarin, *Sokrates and the Fat Rabbis*, Chicago 2009.

6 bT Bava Metzia 21a.

7 Paul Feyerabend, *Naturphilosophie*, Frankfurt am Main 2009, S. 133.

8 Hebräisch Haggada, aramäisch Aggada.

9 bT Bava Metzia 59a–b.

10 bChagiga 15a–b.

11 Ähnlich: »Quod licet Jovi not licet bovi« – »Was

Jupiter erlaubt ist, ist nicht dem Vieh erlaubt«; römischer Gemeinplatz über die Relativität der Geltungen von Regeln.

12 Das Suffix -an ist das Possessivpronomen 1. Pers. Pl. Rabban heißt also wörtlich »Unser Lehrer«.

13 bBerachot 28a.

14 bT Sabbat, 2a.

15 Gilles Deleuze, *Spinoza. Praktische Philosophie*, Berlin 1988 [1981], S. 159.

16 Der intellektuellen Redlichkeit wegen muss erwähnt werden, dass die hier vorgelegte Auslegung des Talmuds der heute am weitesten verbreiteten, von Rabbi Joseph Dov Soloveitchik entwickelten Brisker Methode der Talmudauslegung diametral widerspricht. Seine Methode sucht nach den grundlegenden Prinzipien, die den Einzelfällen zugrunde liegen.

17 Sigmund Freud (1900), in: *Die Traumdeutung*, ders., *Gesammelte Werke*, hg. v. Anna Freud u. a., Bd. II/III, Frankfurt am Main 1999, S. 513 f.

Christian Unverzagt: Taichi. Ein Übungsweg

1 Wir bleiben im Verlauf des Textes bei der eingebürgerten Rede- und Schreibweise von »Taichi« für *Taijiquan* (d. h. die Übungspraxis), während »Taiji« für das zugrunde liegende philosophische bzw. kosmologische Prinzip steht.

2 Die im Folgenden in den Text eingestreuten Zitate entstammen, sofern nicht anders vermerkt, den klassischen Schriften des *Taijiquan* und werden zitiert nach Christian Unverzagt, *Die*

Klassischen Schriften des Taijiquan. Theorie – Praxis – Kulturgeschichte, Norderstedt 2019; hier S. 24 (D15).

3 A. a. O., S. 16 (A1–4).

4 A. a. O., S. 21 (C15).

5 A. a. O., S. 21 (C23 f.).

6 A. a. O., S. 25 (E6).

7 A. a. O., S. 18 (B7).

8 A. a. O., S. 18 (B27 f.).

9 Chinesischer Text, Übersetzung und Erläuterungen finden sich a. a. O., S. 217–219.

10 A. a. O., S. 19 (B65).

11 A. a. O., S. 18 (B13–16).

12 Anmerkung der Herausgeber: So wie der Philosoph Wang Bi (226–249) das daoistische Schweigen dem beredten Weisheitsdiskurs der Konfuzianer vorgezogen hat, macht der vorliegende Essay einen großen Bogen um das Wort »Weisheit«.

Kai Marchal: Versuch über das Schreiben oder vom Durchlässigwerden der Innenwelt zur Außenwelt (und umgekehrt)

1 Für eine präzisere Bestimmung des sokratischen Weisheitsverständnisses siehe Ursula Renz (Hg.), *Self-Knowledge. A History*, Oxford 2017, S. 8; sowie im Allgemeinen Michael Hampe, *Die Lehren der Philosophie: Eine Kritik*, Berlin 2014.

2 Tatsächlich sind bei vielen menschlichen Praktiken Fragen nach der Rechtfertigung und den

Gründen sekundär; sie verstellen auch nur zu leicht den Blick auf die Bedeutung dieser Praktiken. So wie in der Kirche die Frage, *warum* jetzt eigentlich gebetet wird, kaum sinnvoll ist, wird die Spaziergängerin wenig mit der Frage nach den Gründen für ihren Spaziergang anfangen können. Oft genug ergibt sich ein genaueres Verständnis der Gründe für bestimmte Praktiken ohnehin erst während ihrer Ausführung.

3 Auf YouTube gibt es zahllose einführende Videos zur Kalligrafie, etwa www.youtube.com/watch?v=D1SWUURhSs4 oder www.youtube.com/watch?v=5abgk53T2PE.

4 Siehe *Der Neue Pauly. Enzyklopädie der Antike*, hgg. von Hubert Cancik und Helmuth Schneider, Stuttgart/Weimar 2001, Bd. 11, S. 247 f.

5 Der Sinologe Jean-François Billeter spricht von einem »effet calligraphique«: Einzelne Pinselstriche repräsentieren nicht etwa geometrische, eindimensionale Gebilde (z. B. Linien oder Kurven), sondern besitzen Ausdehnung, Tiefe und sogar Schwere (Billeter, *Essai sur l'Art Chinois de l'Écriture et ses Fondements*, Paris 2010, S. 64, 76 f.).

Michael Hampe: Endlichkeit und Genauigkeit. Über das Erzählen als eine Weisheitspraxis

1 Ich danke Richard King in Bern für den Hinweis auf diesen Sachverhalt, den er mir bei einem Zürcher Workshop zum Thema Weisheitsliteratur gegeben hat.

2 Alexander Honold, »Noch einmal. Erzählen

als Wiederholung – Benjamins Wiederholung des Erzählens«, Nachwort zu: Walter Benjamin, *Erzählen. Schriften zur Theorie der Narration und zur Literarischen Prosa*, Frankfurt am Main 2007, S. 309.

3 Mit der Kategorie des »Philosophischen Romans« bediene ich mich einer Einordnung, die Hans-Peter Schütt in seiner so betitelten Karlsruher Abschiedsvorlesung vom 28.04.2017 vorgenommen hat.

4 Honold, op. cit., S. 305.

5 Ebd., S. 318.

6 Vgl. exemplarisch: Paul Ricœur, *Zeit und Erzählung*, 3 Bde., München 1991.

7 In Honold, op. cit., S. 106.

8 Lars Lienhard, Ulla Schmid-Fetzer et al., *Neuronale Heilung. Mit einfachen Übungen den Vagusnerv aktivieren – gegen Stress, Depressionen, Ängste, Schmerzen und Verdauungsprobleme*, München 2019.

9 Peter Hollins, *Neuro-Discipline. Everyday Neuroscience for Self-Discipline, Focus, and Defeating Your Brain's Impulsive and Distracted Nature*, Delhi 2019.

10 Karl R. Popper, *Alles Leben ist Problemlösen. Über Erkenntnis, Geschichte und Politik*, München 1996.

11 Sextus Empiricus, *Grundriß der pyrrhonischen Skepsis*, Frankfurt am Main 1985, S. 139. (Hervorhebungen vom Autor, MH.)

12 »The problem […] is one common to all forms of skepticism, namely: whether it is legitimate for the

sceptic to communicate his own *non-position* to others by drawing upon concepts such as reason, opinion, and truth. The only way of communicating without making assertions that will concern oneself is to develop a language that is distinct from that of dogmatists, but that at the same time does not reject the use of their concepts.« Anna Maria Iopollo, »Arcesilaus«, in: Diego E. Machuca und Baron Reed (Hgg.), *Skepticism. From Antiquity to the Present*, London u. a. 2018, S. 46.

13 Peter Singer in: J. M. Coetzee et al., *The Life of Animals*, Princeton 2001.

14 Diogenes Laertius, *The Lives of Eminent Philosophers,* Cambridge/Mass. 1989, S. 483 f. (Hervorhebungen vom Autor, MH.)

15 Diogenes Laertius, op. cit., S. 480 f. und 486 f.

Elisa Duca: Lost in Hong Kong (Unbalanced)

1 Vgl. z. B. Graham Harman, *Vierfaches Objekt*, Berlin 2015, und Timothy Morton, *Being Ecological*, London 2018.

2 Vgl. Dana Thomas, *Fashionopolis: The Price of Fast Fashion and the Future of Clothes*, London 2019.

Kai Marchal: Versuch über das Schreiben oder vom Durchlässigwerden der Innenwelt zur Außenwelt (und umgekehrt), Teil zwei

1 Friedrich Kittler, *Aufschreibesysteme 1800/1900*, München 1987, S. 325.

2 Jin Suh Jirn hat vor Kurzem eine »Orientalist fantasy« im Denken Derridas und Foucaults ausgemacht, siehe ders., »A Sort of European Hallucination. On Derrida's ›Chinese Prejudice‹«, in: *Situations* 8:2 (2015), S. 67–83. Siehe auch: Zhang Longxi, »The ›Tao‹ and the ›Logos‹: Notes on Derrida's Critique of Logocentrism«, in: *Critical Inquiry* 11:3 (1985), S. 385–398.

3 Noch die Schriftzüge unter den von Chiang Kaishek gebilligten Hinrichtungsbefehlen oder die zackigen Geraden auf den maoistischen Propagandawänden zehren davon. Vgl. Richard Curt Kraus, *Brushes with Power. Modern Politics and the Chinese Art of Calligraphy*, Oakland 1991.

4 Besonders bekannt ist der elegante Stil des Wang Xizhi (303–361), der seit der Intervention des Kaisers Taizong (reg. 626–649) als kanonisch gilt. Viele kritische Köpfe haben ihn genau dafür gehasst und andere Schreibweisen vorgezogen.

5 Vgl. ders., *Philosophie der neuen Musik*, in: *Gesammelte Schriften*, Bd. 12, Frankfurt am Main 1975, S. 39.

6 Eine Bemerkung des Chen Jiru (1558–1639), zit. in Qianshen Bai, *Fu Shan's World. The Transformation of Chinese Calligraphy in the Seventeenth Century*, Cambridge/Mass. und London 2003, S. 148; Übers.: KM.

7 Vgl. Nicole Vandier-Nicolas, *Art et Sagesse en Chine: Mi Fou* (zweite Auflage), Paris 1985.

8 Oft wird an dieser Stelle auf die Biografie des Neokonfuzianers Wang Yangming (1472–1529) verwiesen. Vgl. auch im Chinesischen Yang Ru-

bin et al. (Hgg.), *Zhong Ri Yangming xuezhe moji*, Taipei 2009.

9 Z. B. Omori Sogen und Terayama Katsujo, *ZEN and the Art of Calligraphy*, übers. von John Stevens, London 1990, sowie: {https://quod.lib.umich.edu/a/ars/13441566.0046.007/--performing-mind-writing-meditation-dogens-fukanzazen-gi-as?rgn=main;view=fulltext}, letzter Zugriff 28.06.2021. Es ist sicher kein Zufall, dass außerhalb Ostasiens insbesondere die Zen-Kalligrafie mit ihrer Tendenz zum Minimalismus, zum Block- und Skulpturhaften wertgeschätzt wird; sie ist jedoch nur bedingt typisch für die Tradition der ostasiatischen Kalligrafie.

10 Zur buddhistischen Lehre der »momentariness« siehe insbesondere Jan Westerhoff, *Nagarjuna's Madhyamaka. A Philosophical Introduction*, Oxford 2009. Diese Sicht entwickelt Westerhoff in seinem neusten Buch weiter: ders., *The Non-Existence of the Real World*, Oxford 2020. Bei Billeter ist die Rede von einem »surgissement perpétuel«, seine Übersetzung des chinesischen Ausdrucks *ziran zhi miao you* 自然之妙有 (ders., *Essai*, S. 269). Zum Begriff der »transformativen Erfahrung« vgl. Rico Gutschmidt, »Skeptizismus und negative Theologie. Endlichkeit als transformative Erfahrung«, in: *Deutsche Zeitschrift für Philosophie* 67:1 (2019), S. 23–41. Sogar der gewöhnlich höchst nüchterne Christoph Harbsmeier schreibt: »But Chinese calligraphy has a deeper metaphysical dimension. It touches the nerve of morphemes and aspires to reach

the profound cosmic essence of things.« (Ders., *Science and Civilisation in China. Language and Logic*, hg. von Joseph Needham, Cambridge 1998, S. 39.)

11 Vgl. Hubert Damisch, *A Theory of /Cloud/. Toward a History of Painting*, übers. von Janet Lloyd, Stanford 2002, S. 222 f.

12 So wird es in einem berühmten Brief des Han Yu (768–824) dargestellt, vgl. die Diskussion in Billeter, *Essai*, S. 264 ff. – Mathias Obert hat den Begriff der »leiblichen Mimesis« geprägt, siehe ders., »Leibliche Mimesis in der Kunsttheorie zwischen China und dem Abendland«, in: *Allgemeine Zeitschrift für Philosophie* 39:3 (2014), S. 251–279.

13 Robert Walser, *Jakob von Gunten*, in: *Sämtliche Werke*, Bd. 11, Berlin 2016, S. 90.

14 Francisco J. Varela, *Ethical Know-How. Action, Wisdom, and Cognition*, Stanford 1992.

15 Es wird seit Längerem wissenschaftlich untersucht, in welcher Weise das Schreiben mit dem Pinsel auf das Gehirn wirkt. Siehe z. B. Min Xu et al., »Cognitive-neural effects of brush writing of Chinese characters: Cortical excitation of theta rhythm«, in: *Evidence-Based Complementary and Alternative Medicine* 2013, {www.ncbi.nlm.nih.gov/pmc/articles/PMC3600314/}, letzter Zugriff 29.06.2021; sowie: Wen Chen et al., »Long-term experience of Chinese calligraphic handwriting is associated with better executive functions and stronger resting-state functional connectivity in related brain regions«, in: *PLOS ONE* 2017, {https://journals.plos.org/plosone/

article?id=10.1371/journal.pone.0170660}, letzter Zugriff 29.06.2021.

16 Einer der wichtigsten Kalligrafen Chinas, Dong Qichang (1555–1636), hatte im hohen Alter mit Anschuldigungen zu kämpfen, er habe als Lokalbeamter die Landbevölkerung systematisch ausgepresst. Man würde hier eher von Habgier sprechen wollen als von Weisheit.

17 Es geht bei der Kalligrafie nicht »um jenen unternehmenslustigen, progressiven Geist, der sich im Alter in immer höhere Höhen aufschwingt oder sich ohne Rücksicht auf die Zahl der Jahre unentwegt neue Gebiete erobert.« (Junichiro Tanizaki, *Lob der Meisterschaft*, übers. von Suishu Klopfenstein-Arii, München 2010, S. 34).

18 Zum Letzteren Christophe Kotanyi, *Cent dérives. A Hundred Drifts, Hundert Driften*, hgg. von Axel Roch und Magda van Suntum, Berlin 2020.

19 Pound, *Die Cantos. Zweisprachige Ausgabe*, Zürich 2012, S. 721.

20 Ein zeitgenössischer, taiwanischer Kalligraf schreibt auf Facebook prägnant: »Kalligrafie ist eine Kunst, bei der es darauf ankommt, sich auf einem Qi-Strom sitzend in die Höhen zu schrauben; mit willkürlicher Expressivität hat das gar nichts zu tun.« 書法是一門乘著氣流螺旋上升的藝術，從來都不是暴衝的火箭 (Lin Chun-ch'en 林俊臣, 3. September 2020). Der japanische Kalligraf Inoue Yuichi (1916–1985) hat den Elitismus der traditionellen Schreibkunst sein Leben lang scharf kritisiert und neue, demokratische Ausdrucksformen eingefordert.

Vgl. auch die Werke von Tung Yang-tzu und Xu Bing, z. B. das berühmte *Book from the Sky*, das ausschließlich aus fiktiven, bedeutungslosen Schriftzeichen besteht (zuerst ausgestellt im Jahr 1988).

Eine Buddhistin im Gespräch: Weisheitspraktiken, Kapitalismus und die Vorteile des Multikulturalismus

1 Anmerkung des Übersetzers: Im Chinesischen *shi xiang* 實相.

2 Anmerkung des Übersetzers: Im Chinesischen *si nian chu* 四念處 oder *si nian zhu* 四念住. Das Wort *nian* 念, das Pendant zum Sanskrit-Wort *smrti*, ist ein zentraler Begriff im chinesischen Buddhismus, verbal in der Bedeutung von »sich sammeln«, »sich erinnern« oder »sich vergegenwärtigen«. Vgl. Bhikkhu Anālayo, *Der direkte Weg – Satipaṭṭhāna*, übers. von Ilse Maria Bruckner und Siegfried C. A. Fay, Stammbach 2010; siehe {www.buddhismuskunde.uni-hamburg.de/pdf/5-personen/analayo/direkte-weg.pdf}, letzter Zugriff 29.06.2021.

3 Anmerkung des Übersetzers: Vgl. *Lehrgespräche* 19:4. Meine Übersetzung folgt weitgehend Ralf Moritz (Hg.), *Konfuzius. Gespräche*, Stuttgart 1998, S. 125. Tatsächlich handelt es sich um die Worte des Zixia, eines wichtigen Schülers von Konfuzius.

1 So die 11. These über Feuerbach in: Karl Marx / Friedrich Engels, *Gesamtausgabe*, vierte Abteilung, Bd. 3, Berlin 1998, S. 21.

2 Vgl. Graham Priest, »Marxism and Buddhism: Not such strange bedfellows«, in: *Journal of the American Philosophical Association* 4:1 (Frühling 2018), S. 2–13, sowie die Diskussionen in Marcus Boon, Eric Cazdyn und Timothy Morton, *Nothing. Three Inquiries in Buddhism*, Chicago 2015.

3 Siehe etwa {https://twitter.com/i/events/990988293939613698}, letzter Zugriff 29.06.2021. Zur Kontroverse um die Gedichte Amanda Gormans und die Frage der richtigen Übersetzung vgl. den Essay von Mridula Nath Chakraborty {https://theconversation.com/friday-essay-is-this-the-end-of-translation-156375?fbclid=IwAR1rMKH6D3qI4RPwWg8v4indfU85oHZMBhTs49_okRT2RjdrZGDWlpe_Hro}, letzter Zugriff 29.06.2021.

4 Vgl. Thomas Bauer, *Die Vereindeutigung der Welt. Über den Verlust an Mehrdeutigkeit und Vielfalt*, Stuttgart 2018.

5 Baruch de Spinoza, *Ethica* IV, Lehrsatz 42, Hamburg 1996, S. 226. – Ähnlich funktioniert die Idee des »Durcheinanders« (*muddle*) in Iris Murdochs Denken; in ihren Briefen kommt die englische Philosophin immer wieder darauf zurück, siehe Avril Horner und Anne Rowe (Hgg.), *Living on Paper: Letters from Iris Murdoch 1934–1995*, London 2015.

Die Herausgeber danken der ETH Zürich für die großzügige finanzielle Förderung.

ETH zürich

Zweite Auflage Berlin 2022

Verlagsgesellschaft mbH
Göhrener Str. 7 | 10437 Berlin
info@matthes-seitz-berlin.de

Satz: Monika Grucza-Nápoles, Berlin
Druck und Bindung: Art-Druk, Szczecin
Umschlaggestaltung nach einer Idee
von Pierre Faucheux
ISBN 978-3-7518-0528-5
www.matthes-seitz-berlin.de